鎌倉武士と横浜——市域と周辺の荘園・郷村・寺社

盛本昌広著
有隣堂発行　有隣新書——86

鎌倉中道（舞岡・下永谷境付近）

【凡　例】

・人名・地名などの表記にあたっては典拠とした史料の表記に準じた。そのため、同一人物・地名などが複数の字で表記されることがある。

・一部の例外を除き、原則として新字体・新仮名遣いで表記した。

・地図はおおよその位置関係を示したもので、厳密な縮尺・方位によるものではない。

はじめに

本書は横浜市域（現在の十八区）における鎌倉時代の歴史を記したものだが、その前提として以下の点を述べておきたい。一般に横浜というと港というイメージがあるが、それはあくまでも一つの要素に過ぎず、偏ったイメージであり、地域認識や歴史認識、さらには市政をもゆがめている。横浜市は明治二十一年（一八八八）の市制・町村制により誕生し（施行は翌年）、その後周辺の町村の編入を繰り返し、現在の横浜市域が形成された。編入に際して、横浜市と別の市のどちらに入るかで争いが起きた地域もある。一口に横浜市と言っても、場所によって地形や歴史的経緯などは多様であり、本来は横浜市という枠組みでの歴史を語ることは好ましくないが、現在では行政単位として定着しているので、本書はおおよそ市域に限定して、鎌倉時代の歴史を記述した。

横浜市域の歴史に関しては『横浜市史　第一巻』（一九五八年）が古代から近世までの歴史を述べているが、その後、区ごとの通史はあるものの、市域全体の通史は刊行されていない。だが、現在に至るまで、市域に関連する新しい史料が発見され、多くの研究が行なわれ、私自身も関連する論文や本を発表した。また、市内各所の同好会・横浜市歴史博物館・八聖殿などで市域に関する歴史の講演を行なった。さらにあとがきに書いたように以前から鎌倉道などの古道や史跡に関心があったので、市内各地を歩いてきた。こうした成果や経験を踏まえて、鎌倉時代の市域の歴史を一冊にまとめることにした。新書という限られた分量なので、書けなかったことや掘り下げることができなかった部分も多いが、鎌倉時代の歴史を網羅的に叙述したつもりである。なお、『吾妻鏡』に基づいた記述が多くあるが、煩雑なので、一部を除いて、出典を示していない。

内容の理解のためには地名・川などの位置や武士の系譜の把握が必要なので、該当箇所にある地図や系図を参照していただきたい。特に、巻頭の①市域や周辺の荘園・国衙領・郷村の地図（地図1）、②鎌倉道の地図（地図2）は多くの箇所で関連するので、その度に参照していただきたい。また、本書は①始めから読む、②興味がある部分を読む、③必要な時に該当部分を参照するといった様々な読み方がある。市内には鎌倉時代に関係する多くの史跡や寺社などがあるので、本書で興味を持った所を探訪していただければ幸いである。

令和三年（二〇二一）十一月

《目　次》

第四章　金沢北条氏・称名寺と叡尊・忍性……135

地図1　中世の横浜市域の荘園・国衙領と郷村

プロローグ

台地と谷

市域の歴史を理解する前提として、地形など自然環境の把握が必要である。市域の地形は台地・丘陵と谷から成り立っている。市域の台地の大部分は下末吉台地と呼ばれている。この台地は十二〜十三万年前の海進によって海中に堆積された地層が後に隆起したものだが、その地層の基準地が鶴見川西岸の下末吉（鶴見区）であったので、下末吉台地と命名された。この台地は一般に鶴見川・帷子《かたびら》川・大岡川流域の台地を指すが、その周辺の台地も広義には含まれる。

台地上には縄文・弥生・古墳時代・古代の遺跡が多い。縄文時代は温暖化により水面が上昇したので（縄文海進）、台地上が居住地となり、海で採った貝を捨てた貝塚が全国各地にある。市域では鶴見川流域の台地上に多いが、それ以外に本牧の台地上の平台貝塚（中区本牧緑ケ丘の横浜緑ケ丘高校構内）などがある。

台地は大小の川によって開析され、大きい谷から小さい谷、さらに小さな谷に枝分かれしている。谷は谷戸《やと》・谷津《やつ》・作《さく》・佐古《さこ》とも呼ばれ、谷ごとに地名が付いている。谷には水田と集落、台地の斜面や台地上に畠・山林・草地があるのが古代から高度経済成長期までの基本的な景観であり、現在は市域のごく一部にこうした景観が残されている。寺家《じけ》ふるさと村（青葉区）がその典型である。

谷にある水田は一般に谷戸田《やとだ》と呼ばれ、近世でも湧水や天水（雨水）に頼ることが多かった。一方、中世以降には谷の奥や出口などに溜池を作り、谷戸田や谷の外側の水田に用水を供給する場合もあった。溜池は明治以降に埋め立てられた所が多いが、現在も一部に残っており、池とその周辺が公園となっている所もある（鶴見区の三ツ池公園、港北区の菊名池公園など）。

水系による地域区分

川には中心となる川とその支流全体を総称する水系という概念がある。水系は中世では荘園・国衙領《こくがりょう》（公領）の領域、武士や戦国大名の支配領域など様々な点で影響を与えているので、水系を考慮して、中世の歴史を捉えることが重要である。

中世の基本的な行政単位は国とその下部単位の郡や郷、荘園と国衙領である。国衙領は国衙（国府）の支配下にあった土地のことで、公領とも呼ぶ。荘園や国衙領の内部には複数の郷がある。鎌倉時代以降には郷の内部に村が生まれ、戦国時代や近世初期には現在につながる村が成立した。国・郡・荘園・郷・村は川が境界になっていることが多い。また、特定の水系が荘園・郷・村の領域になっていることも多い。市域は水系から鶴見川、帷子川、大岡川、柏尾川、境川の五つに分けられる。他にこれらに属さない小河川の流域や海岸部もある。

　鶴見川は市域最大の河川で、流域面積も広い。源流は上小山田（東京都町田市）で、上流は谷本《やもと》川とも呼ばれる。上流域は小山田庄（保）という荘園で、相原・小山《おやま》を除く町田市域と黒川（川崎市麻生区）が領域であった。寺家から市域に入り、生麦（鶴見区）の東で東京湾に注ぐ。市域では鶴見・港北・緑・都筑・青葉区の大部分、神奈川区の一部が同水系に属し、中世には上流域が武蔵国多摩郡、中流域が都筑郡、下流域が橘樹《たちばな》郡であった。中下流域には師岡《もろおか》保・小机保という国衙領の一種があったが、これを含めてすべて国衙領であった。この水系には多くの杉山神社がある。杉山神社は『延喜式《えんぎしき》』に記載があり、古代以来存在したが、どの杉山神社がそれなのかが近世から論争になっている。これを一般に論社《ろんじゃ》と呼ぶが、断定する決め手はない。

　帷子川は若葉台（旭区）付近が源流である。この水系は中世には榛谷《はんがや》御厨《みくりや》（伊勢神宮の荘園）で、保土ケ谷区・旭区にあたり、上流域は都筑郡、下流域は橘樹郡であった。主な支流に二俣川があり、鶴ケ峰（旭区）で帷子川と合流する。

　大岡川は源流が氷取沢（磯子区）で、上流部分は笹下川とも呼ばれていた。主な支流に日野川があり（流域は日野郷）、近世の上大岡村（港南区）で合流する。南区全域、磯子・港南区の一部が同水系に属し、中世には武蔵国久良岐《くらき》郡で国衙領であった。久良岐郡の名は久良岐公園（港南区上大岡東）、久良岐保育園（南区中里）として残っている。

柏尾川は阿久和川と平戸永谷川（馬洗川《うまあらいがわ》）の合流点の柏尾（戸塚区）から下流の名称で、川名（藤沢市）で境川と合流し、片瀬（藤沢市）が河口である。戸塚・栄・泉・港南・瀬谷区の一部が同水系に属し、中世には相模国鎌倉郡であった。阿久和川は三ツ境（瀬谷区）付近、平戸永谷川は野庭《のば》（港南区）が源流である。柏尾川水系のうち、阿久和川流域（戸塚区・瀬谷区の一部）以外は山内庄《やまのうち》という荘園であった。

境川の源流は草戸山（町田市相原）で、上流は武蔵（町田市）と相模（相模原市）の国境、中下流は高座郡と鎌倉郡の境であった。中世には下流域の東側は国衙領、西側が大庭《おおば》御厨（伊勢神宮の荘園）であった。現在、東側の鎌倉郡は瀬谷・泉・戸塚区・鎌倉市・藤沢市の一部、西側の高座郡は大和市・藤沢市である。

鎌倉道と地形・水系

鎌倉へ向かう道を鎌倉道・鎌倉街道と呼び、現在も各地に伝承が残っている。主要な鎌倉道は鎌倉上道《かみつみち》・中道《なかつみち》・下道《しもつみち》と呼ばれている。そのルートは諸説あり、時期によっても変化していた。近年は各地で鎌倉道と推定される道が発掘されているが、従来の推定ルートと異なる場所のこともある。ルートは大きく川沿いと台地上の二つに分けられるが、台地上では尾根筋を通り、道が近世の村境になっていることも多い。また、台地を上下したり、川を渡ることも多いが、主要な渡河地点は交通の要衝で宿や町場がある所が多い。

　鎌倉上道は化粧《けわい》坂から鎌倉を出て、深沢（鎌倉市）を通り、その後は境川沿いに北上する。ルートは境川の両岸と境川沿いの台地上の複数あったと考えられる。市域では俣野（戸塚区）・飯田（泉区）・瀬谷（瀬谷区）を通る。さらに北上して、町田・小野路《おのじ》（ともに東京都町田市）を通り、関戸《せきと》（東京都多摩市）で多摩川を渡り、府中（東京都府中市）に向かう。府中は武蔵国の国衙で、各地からの道が集っていた。その後、恋ケ窪（東京都国分寺市）・入間川（埼玉県狭山市）・苦林《にがばやし》（埼玉県毛呂山町）・菅谷《すがや》（埼玉県嵐山《らんざん》町）を経て、上野国に至る。

　鎌倉中道は小袋坂（巨福呂坂）から鎌倉を出た後、笠間（栄区）で狆川《いたち》を渡り、すりこばち坂を登り、台地上を進み、近世の舞岡村（戸塚区）と永谷上村（港南区上永谷）の境を通り、日限《ひぎり》地蔵（港南区日限山）付近で鎌倉下道と分岐する。その後、近世の舞岡村と永谷下村（港南区）の境を通り、柏尾（戸塚区）で下って、柏尾川を渡り、川上（戸塚区）から台地に登り、鶴ケ峰（旭区）で帷子川を渡った後で、再び台地に登り、中山（緑区）で下る。

　その後のルートに関しては諸説あり、川和（都筑区）・荏田（青葉区）を経て、府中に至るという説がある。一方、中山から鶴見川沿いに北上し、小野路付近で鎌倉上道と合流し、府中に向かうという説もある。この付近の鶴見川流域には原始・古代の遺跡が多くあり、後述するように鴨志田や市ケ尾（ともに青葉区）を本拠とする武士がいるので、このルートも有力と考えられる。勿論、複数のルートが存在し、一つに決められるわけではない。他に鶴ケ峰で分岐し、長津田（緑区）・東光寺（長津田と町田市成瀬の両方にまたがっていた）・町田を通って府中に向かう道もあったという説もある。

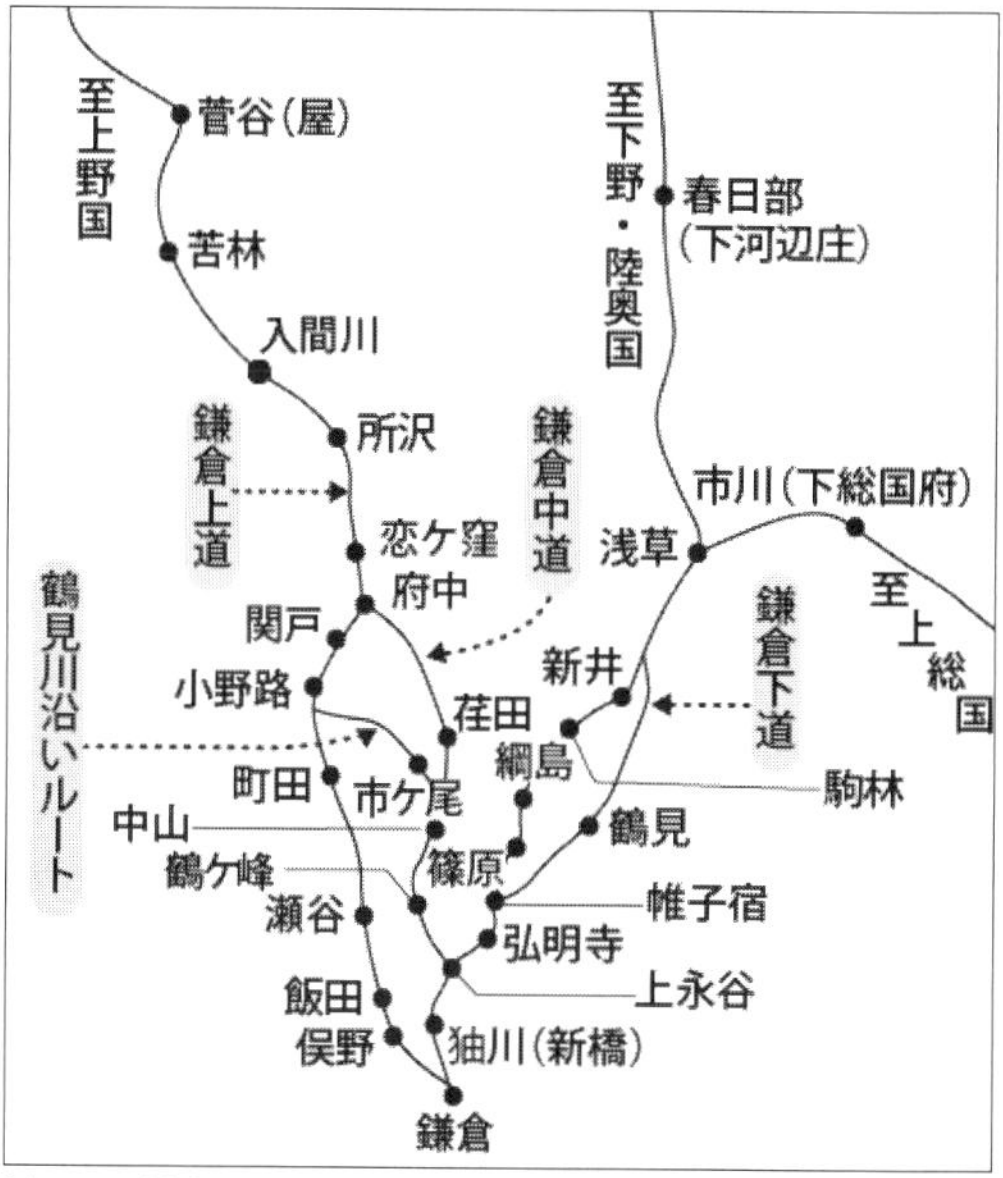

地図２　鎌倉上道・中道・下道推定ルート

　鎌倉下道のルートは文明十八（一四八六）〜十九年に聖護院門跡（京都市）の道興准后《じゅごう》が各地を廻った時の記録『廻国雑記』に基づいて推定されている。道興は浅草（東京都台東区）見物をした後、忍《しのぶ》の岡（台東区上野公園付近）・鳥越（台東区）・小石川（文京区）・芝浦（港区）・新井（大田区）を経て、市域の駒林（港北区日吉本町など）

で泊まった。その後、新羽《にっぱ》（港北区）・帷子宿（保土ケ谷区）・岩井原（保土ケ谷区岩井）・餅井《もちい》坂（南区別所）・すりこばち坂・離山《はなれやま》（鎌倉市大船）を経て、鎌倉に入った。

　以下は途中の推定ルートである。駒林からは綱島に進み、鶴見川を渡り、菊名・篠原（以上港北区）を経て、近世の片倉村と神大寺《かんだいじ》村（ともに神奈川区）の境界を通り、台地を下って帷子宿に着き、帷子川を渡り、その先で台地に登り、岩井原を通る。その後、台地を下り、永田・井土ケ谷・弘明寺・中里（以上南区）を経て、餅井坂で台地に登り、上永谷（港南区）に下り、平戸永谷川（馬洗川）を渡り、再び台地に登り、鎌倉中道と合流して、すりこばち坂を下る。この坂は近世の小菅ケ谷《こすがや》村（栄区）にあった坂で、花立坂とも呼ばれていた。

　なお、この記述によって、新羽を経由地とする鎌倉下道の図があるが、新羽にある寺をわざわざ訪ねているようであり、しかも遠回りなので、新羽は下道のルートではないと考えられる。

　一方、帷子宿から近世の東海道とほぼ同じルートで鶴見に向かう道もあった。つまり、鎌倉下道には内陸と海沿いの二つのルートがあったと考えられる。

第一章　院政期の市域の武士と荘園公領制

師岡熊野神社

源義朝による大庭御厨乱入

幕府が鎌倉に置かれた理由の一つとして、源氏が古くから鎌倉を本拠としていたことが指摘されている。その契機は源頼義が相模守として下向した時に平直方の娘の聟となり、義家が生まれた時に鎌倉を譲られたことによる。直方は以前から鎌倉に屋敷を構えていたという（詞林《しりん》采葉抄《さいようしょう》）。義朝の館は亀谷《かめがやつ》（鎌倉市）と沼浜（逗子市沼間に推定）の二箇所にあった（『吾妻鏡』建仁二年（一二〇二）二月二十九日条など）。

天養元年（一一四四）に義朝は留守所目代《もくだい》の源頼清と結託し、三浦・中村などの郎従と在庁官人を率いて、大庭御厨内の鵠沼《くげぬま》郷（藤沢市）を鎌倉郡内と称して、俣野川（境川）を越えて乱入した。鵠沼郷は境川の西側にあり、藤沢駅南側から河口までのかなり広い領域であった。境川は蛇行が激しく、洪水で流路が変った可能性もあるので、そうした点も口実にして、乱入したと考えられる。これに対して、下司《げす（げし）》大庭景宗は伊勢神宮や太政官《だいじょうかん》に訴えたが、乱入は繰り返された（天養記）。景宗の系譜は明確ではないが、「平氏系図」（入来院《いりきいん》家所蔵）や「諸家系図纂」では頼朝挙兵時に討伐の大将であった大庭景親の父としている。

大庭御厨は伊勢神宮の荘園で、永久五年（一一一七）に鎌倉権五郎景正（景政）が寄進したと伝える（『吾妻鏡』養和二年二月八日条）。一方、建久三年（一一九二）に記された伊勢神宮神領注文には内宮《ないくう》の神領で、永久四年に成立し、その後何度も宣旨《せんじ》により荘園として認められたとある（神宮雑書）。また、『神鳳抄《じんぽうしょう》』には内宮の神領で、景正が「家田」を寄進したとある。

景正は永保三年（一〇八三）の後三年合戦の時の挿話で知られる（奥州後三年記）。景正は安倍氏方の鳥海弥三郎によって右目（左目とする文献もあり）を射抜かれたが、即座に答えの矢を射返して倒した。これを見た三浦為次は顔を踏んで矢を抜こうとすると、景正は刀を抜いて、為次を突こうとしたとあり、景正の勇猛さが表現されている。

その後、景正の子孫や一族と称する武士が鎌倉郡を中心に活動し、鎌倉党と呼ばれた。鎌倉党の武士には大庭・梶原・長江・長尾・俣野・香川氏などがある。梶原景時・大庭景親のように名前に景の一字が付くのが特徴である。ただし、系図により各氏の系譜には異同があり、実際にはすべてが景正の子孫ではなく、鎌倉郡という地縁に基づいて党として結集したと見られる。なお、『吾妻鏡』養和二年（一一八二）二月八日条では長江義景を景政の子孫としている。

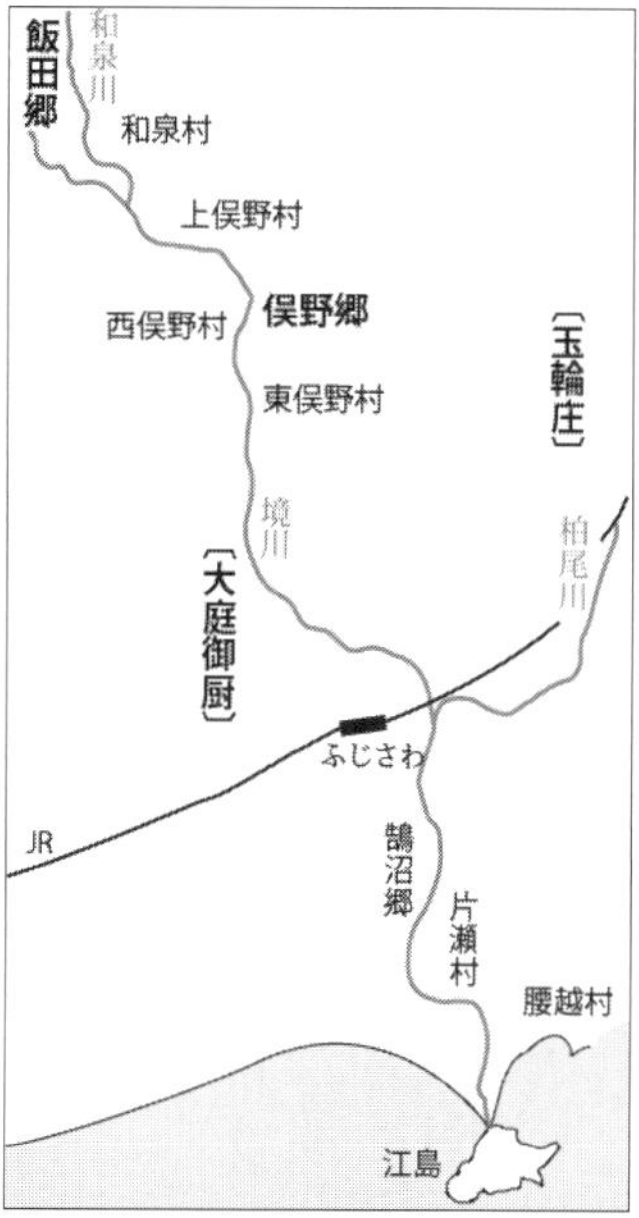

地図３　境川と大庭御厨・俣野・飯田

景正は死後に御霊《ごりょう》神社の祭神として祀られた。御霊神社は本来は恨みを残して死んだ人の怨霊を祀る神社で、京都の上・下御霊神社がその代表である。景正は恨みを持って死んだわけではないのに御霊とされたのは片目であったことに由来すると柳田国男は述べている。御霊神社は鎌倉党の武士などが勧請《かんじょう》したので、鎌倉・藤沢市内の各所にあり、特に甘縄（鎌倉市坂ノ下）の御霊神社は有名である。市域では長尾氏の本拠長尾郷内の小雀（戸塚区）・長尾台・田谷（ともに栄区）などにある。

荘園には四至《しいし》という東西南北の境界が定められ、牓示《ぼうじ》と呼ばれる石・木などの標識が置かれた。大庭御厨の四至は東は「玉輪庄堺俣野川」、南は海、西は神郷堺、北は大牧埼であった（天養記）。南は境川河口である。西の神郷は相模国一宮（寒川神社）の神領を意味し、香川（茅ヶ崎市）は御厨内なので、その西を流れる小出川が境界であったと推測される。北の堺は諸説あるが、大牧とは台地上の牧を意味し、遠藤・亀井野（ともに藤沢市）付近と推測されている。

東の玉輪庄は玉縄（鎌倉市）周辺にあった荘園だが、他の史料には見えず、その後も存続したかは不明である。俣野川は境川のことである。俣野は鎌倉党の俣野氏の本拠地であり、重要な場所だったので俣野川と呼ばれていたのだろう。近世には西岸が高座郡西俣野村（藤沢市西俣野）、東岸が鎌倉郡上俣野・東俣野村（戸塚区東俣野・俣野）で、両岸が俣野であった。このように両岸に同一名の郷村があるのは元は同じ郷村であったが、川の流路が変わり分断されたという理解が一般的だが、保野の場合は元から両岸ともに保野であったと思われる。

　なお、境川流域には義朝を祭神として祀る左馬（鯖）神社が集中している。この神社名は義朝が左馬頭であったことによるという（諸説あり）。市域では泉区上飯田町の飯田明神（鯖明神）、同区下飯田町の左馬神社、同区和泉町の中之宮左馬神社、瀬谷区橋戸（近世には瀬谷村）の左馬明神社などがある。

榛谷御厨の成立

　先述の伊勢神宮神領注文には榛谷御厨が内宮の神領で、保安三年（一一二二）に成立し、代々の国司によって荘園として認められ、給主《きゅうしゅ》は故民部卿、供祭物《くさいもつ》は白布三十反、斎宮寮《さいぐうりょう》納物を納入するとある。榛谷御厨は帷子川水系を領域とした荘園で、大庭御厨とほぼ同時期の成立である。斎宮寮とは斎宮（斎王）に関する庶務を担当する役所である。斎宮は天皇の即位ごとに選ばれて、伊勢神宮に奉仕した未婚の内親王または女王のことで、その居所も斎宮と呼ばれ、そこに斎宮寮があった。この両所は伊勢国多気《たけ（たき）》郡竹郷（三重県明和町竹川の近鉄斎宮駅周辺）にあった。斎宮寮納物はこの役所に納められた物である。

　御厨は海や川に面した所が多いが、榛谷御厨も東京湾に面している。こうした御厨の立地は伊勢御師が海上交通を利用して各地に伊勢信仰を広め、御厨を成立させたことによると考えら

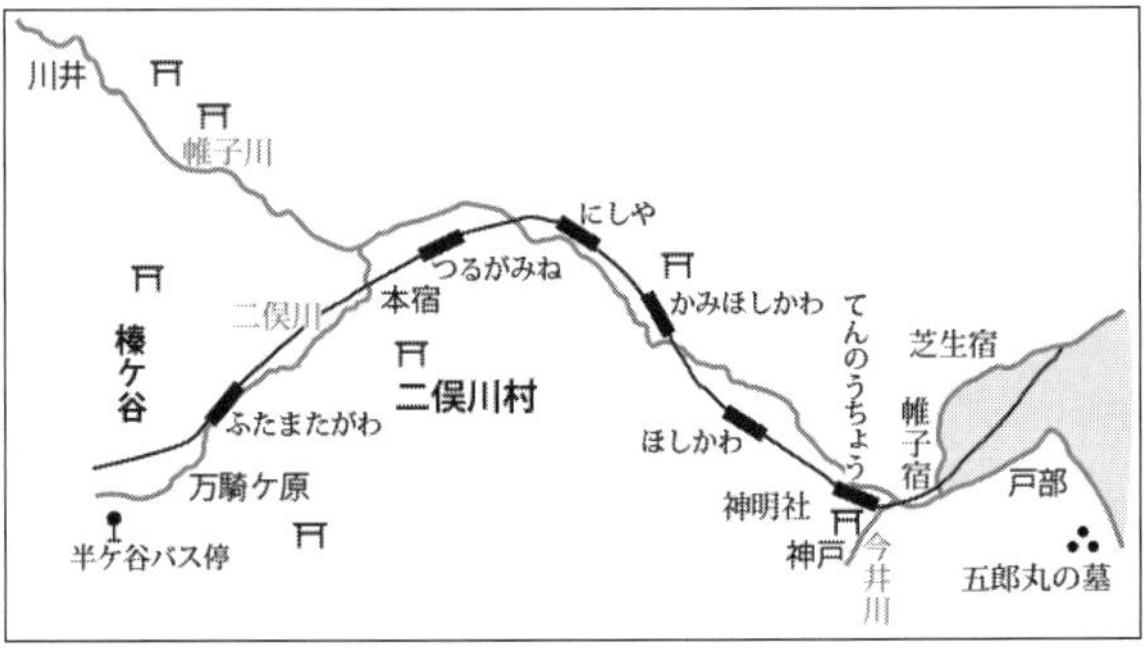

地図４　榛谷御厨内の川・主要な地名・神明社

れている。近世の二俣川村（旭区）の小名《こな》に榛ケ谷があり、これが御厨名の由来である。さちが丘（旭区）に相鉄バスの停留所半ケ谷があり、地名が残っている。また、榛ケ谷の小字に万騎内があったので、万騎が原（旭区）周辺も榛ケ谷に含まれていた。

　御厨には伊勢神宮の末社である神明社《しんめいしゃ》が勧請されたが、榛谷御厨やその周辺にも神明社が存在する。中でも古い由緒を誇るのが、保土ケ谷区神戸《ごうど》町にある神明社である。『武蔵風土記稿』には同社の縁起として次のような記述がある。天禄元年（九七〇）に榛谷の峯に影向《ようごう》し、川井（旭区）に移り、さらに二俣川に鎮座し、その後保土ケ谷の宮林に移り、二俣川の宮を仮宿とした。嘉禄元年（一二二五）に神託があり、宮を作った。この縁起によれば最初は榛谷の峯、後に川井や二俣川に神が鎮座したことになる。榛谷の峯は榛谷の台地上のことであろう。川井は帷子川の源流地に近い。つまり、この伝承は帷子川・二俣川の源流地に神が鎮座したことを物語っており、御厨の成立には源流地が重要であったことを示している。

近世の二俣川村は本宿・膳部谷・榛ケ谷・二又川の四つの小名に分かれていた。小名とは村内部の集落のまとまりのことで、小名ごとに独立性があった。村内には①本宿の字幸田谷（本宿町に現存）、②下膳部（本村町に現存）、③二又川の字又口、④上膳部（善部町に現存）の四つの神明社があった。小名榛ケ谷には神明社がないが、榛谷御厨の起源となった村だけあって神明社が集中している。

御厨内であった近世の川井・上川井・今宿・市野沢・川島・小高新田（以上旭区）・上星川村（保土ケ谷区）にも神明社があり、神明社の広がりが窺える。また、御厨の周囲にある近世の下菅田・羽沢・三枚橋（以上神奈川区）・榎下・十日市場村（以上緑区）にも神明社があり、御厨を越えて信仰が広まっていた。なお、後述するように、畠山重忠の従兄弟の重朝が榛谷の名字を名乗り、榛谷御厨を本拠としたが、重朝は平安末期～鎌倉初期の人であり、御厨成立以後に進出したことになるので、寄進の経緯や寄進者は不明である。

院政と荘園

中世の始まりは従来は鎌倉幕府成立とされてきたが、近年は院政期とする説が有力である。院政は譲位した天皇が上皇（出家後は法皇）として、院庁で政治を行う形態のことで、平安中期から萌芽的なものはあったが、白河上皇による院政から本格化し、それに続く鳥羽・後白河の時期が最盛期であった。この時期には多くの荘園が院に寄進され、経済的な基盤をなした。そして、公家・女房・僧侶などに預所《あずかりどころ》、武士などに下司という荘園の職を与え、彼らを院の配下に組織化した。これらの職は荘園を管理させ、年貢や公事などを納入させた上で、収入の一部を与えるものであった。

市域内の荘園としては山内庄、六浦庄、榛谷御厨があった。こうした荘園には荘園全体の惣《そう》地頭《じとう》職と郷村単位の地頭職が重層的に存在し、惣領が惣地頭職、庶子や一族などが郷地頭職を持っていたのが一般的である。後述するように、山内庄にも惣地頭職と郷単位の地頭職があった。一方、国によっても比率は異なるが、荘園と国衙領（公領）はおおむね半々で、市域内でも国衙領の比率が高かった。こうした点から近年は荘園制ではなく荘園公領制と呼んでいる。

市域の国衙領

古代・中世史料に見える市域内の国衙領を郡別に概観しておこう。古代の郷名が全国的に総覧できる史料に『和名抄《わみょうしょう》』（和名類聚抄《るいじゅう》）があり、都筑郡内の郷には、余戸《あまるべ》・店屋《てんや》・駅家《うまや》・立野《たちの》（和訓は多知乃）・針圻《ぱさく》（和訓は罰佐久）・高幡《たかはた》（和訓は多加波多）・幡屋《わたのや》（和訓は波多乃也）がある。これらの郷の場所は諸説あるが、針圻は八佐古郷（緑区北八朔など）と考えられている。承元三年（一二〇九）十月の某家政所下文には五升米を徴収する郷として、黒金新得茂・勝田（港北区）・知足〔八佐古某天流〕の名が見える（金沢文庫文書）。黒金は近世の鉄《くろがね》村（青葉区）にあたる。八佐古某天流は「某天流」の意味は不明だが、八佐古は八佐古郷のことである。他の中世史料では新羽郷（港北区）・佐江戸郷（都筑区）・鴨志田郷・市尾郷・恩田郷・石河郷・荏田郷（ともに青葉区）が見え、いずれも近世には村となっている。これらの郷はいずれも鶴見川水系にあり、同水系はすべて国衙領であった。

『和名抄』に見える橘樹郡内の郷には、高田《たかた》（和訓は多加太）・橘樹《たちばな》（和訓は多知波奈）・御宅《みやけ》（和訓は美也介）・縣守《あかたもり》（和訓は安加多毛利）・駅家がある。これらも諸説あるが、高田は近世の高田村（港北区）にあたる。先述の承元三年の某家政所下文には綱嶋の名が見える。他の中世史料では高田郷・小机郷・鳥山郷が見える。

『和名抄』に見える久良（久良岐）郡内の郷には、鮎浦《ふくら》（和訓は布久良）・大井《おほい》（和訓は於保井）・服田《はとた》（和訓は波止太）・星川（和訓は保之加波）・郡家《ぐんけ》（郡衙のある所）・諸岡（和訓は毛呂於加）・洲名《すな》（和訓は須奈）・良椅《よしはし》（和訓は与之波之）の八郷がある。これらも諸説あるが、星川を文字通りに解せば、近世の上星川村（都筑郡）・下星川村（橘樹郡）にあたる。両村は帷子川流域で、中世には榛谷御厨であった。この点からすれば、古代から近世の間に帷子川の下流域の久良岐郡が都筑郡と橘樹郡に編入されたことになる。

諸岡は中世の師岡保、近世の師岡村にあたる。鮎浦は湾曲した浦を意味し、六浦（金沢区）と考えられている。先述の承元三年の某家政所下文には久良郡と見える。中世史料では平子郷・杉田郷・根岸郷・太田郷・久友郷が見える。久良岐郡は鶴見から六浦までの海岸沿いと大岡川水系の地域だが、次第に東部や北部が橘樹郡に編入され、近世には北端は戸部村・横浜村になっていた。中世には南部は六浦庄、北部は師岡保（国衙領の単位の一つ）であり、その中間の大岡川水系と戸部・横浜・本牧から杉田にかけての海岸部は国衙領であった。

『和名抄』に見える鎌倉郡の郷には沼浜・鎌倉・埼立・荏草・梶原・尺度・大島があるが、すべて市域外の郷と思われる。中世史料では岡津郷（戸塚区）・阿久和郷・瀬谷郷（ともに瀬谷区）・飯田郷（泉区）が見える。岡津郷は柏尾川に注ぐ阿久和川下流である。東隣の矢部郷（戸塚区上矢部・矢部）は柏尾川に面するので、山内庄である。よって、岡津郷と矢部郷の境が山内庄の境界で、阿久和川流域は国衙領であった。

保元の乱と山内氏

後白河天皇が即位した頃には皇位継承をめぐり、鳥羽法皇と崇徳上皇が対立し、摂関家では藤原忠通と子頼長が対立していた。そうした中で保元元年（一一五六）七月二日に鳥羽法皇が死去したのが契機となり、崇徳上皇と藤原頼長は源為義・平忠正など、後白河天皇と藤原忠通は源義朝・平清盛などを招き、戦いとなったが一日で決し、崇徳側が敗れた。

『保元物語』には義朝に従って戦った武士の名が記されている。この中で市域と直接または間接的に関係がある武士に鎌田次郎正清、近江国の佐々木秀義、尾張国の熱田大宮司の家子郎党、相模国の大庭平太景義、同三郎景親、山内須藤《やまのうちすどう》刑部丞俊道、子息須藤滝口俊綱、武蔵国の「高家《こうけ》ニハ河越、諸岡、秩父武者」、常陸国の中宮三郎などがいる。

山内俊道（俊通）の子俊綱は源為義の子頼賢に対し、須藤滝口俊綱と名乗り、戦いを挑むなど活躍した。山内氏は本拠である山内庄という荘園名を名字とした武士で、山内首藤《すどう》氏とも呼ばれている。山内庄は栄区全域、戸塚区・港南区・鎌倉市の一部を荘域とする荘園である。

須藤の由来に関し『尊卑分脈』では二つの説を挙げている。一つは山内氏の先祖の助清（俊道の四代前）が主馬首《しゆめのかみ》であったので首藤を名乗ったとする。主馬首は皇太子の乗馬・馬具を供進する主馬署《しゆめしよ》のトップのことであり、これが事実ならば山内氏は馬に精通していたことになる。もう一つは本姓が守部であったが、山内氏は藤原氏なので、守と藤を合わせて守藤となり、須藤に転化したという説である。

系図1【山内・鎌田氏系図（『尊卑分脈』）】

『尊卑分脈』では助清の子助道を源頼義の

郎従七騎の一人、その子親清を源義家の郎従としている。その孫が俊通で、滝口刑部丞《きょうぶのじょう》の注記がある。俊通には三人の子がいて、経俊に馬允《うまのじょう》、俊綱に滝口四郎、俊秀に刑部房の注記がある。俊通と俊綱が名乗っている滝口とは寛平《かんぴょう》年間（八八九〜八九八）に創設された制度で、蔵人所に属し、宮中の警備にあたった武士で、滝口の武者と呼ばれる。滝口は御所内の清涼殿の北東にある御溝水《みかわみず》（庭を流れる溝の水）が落ちる所を指す。武士の起源に関しては諸説あるが、近年は朝廷に仕えた武士の武芸を重視する説もある。山内氏は主馬署の役人かつ滝口の武者であり、京に馴れ親しんでいたので、その武芸は朝廷で獲得したものと推測される。山内氏は頼義以来、源氏の嫡流に仕え、同時に朝廷にも仕えていた最高レベルの武士であったのである。

山内荘の荘園領主

山内庄は長講堂《ちょうこうどう》領、後には宣陽門院《せんようもんいん》領であった。長講堂（京都市）は後白河法皇が仙洞《せんとう》御所内に設けた持仏堂が発展したもので、法皇は寄進された荘園をこの堂に附属させた。建久二年（一一九一）十月に作成された長講堂所領注文には年貢が納入されていない荘園に山内・富士などがある（島田文書）。富士は富士御領（富士庄、静岡県富士市）という平家の所領であったが、この時には頼朝が支配していたと思われる。頼朝は平家滅亡後に平家一族や関係者の所領を平家没官領《もつかんりょう》として与えられたが、同地が正式な平家没官領であったかは不明である。山内庄は平家の所領であったかは不明だが、頼朝が支配していたと見られ、長講堂に年貢を納入していなかった。

後白河法皇の娘覲子《きんし》は建久二年に宣陽門院の女院号《にょいんごう》を与えられ、翌年に法皇から長講堂領を譲られ、宣陽門院領が成立した。頼朝は建久六年三月十二日に東大寺大仏殿落慶供養に参列した後、四月二十一日に京で宣陽門院と対面し、後白河法皇の遺勅に応じ、長講堂領のうち七箇所の年貢を元のように納入することを申し出た。二十四日にこの事は正式に決定したが、この七箇所の中に山内庄が入っていたかは定かではない。後白河法皇は遺言で頼朝に長講堂領の年貢納入の再開を強く求めたと思われ、その遺志を頼朝が尊重して、同領を受け継いだ宣陽門院にこの提案をしたのである。

その後、貞応三年（一二二四）の直後の作成と推定される宣陽門院領目録にも年貢未納の荘園として山内庄がある。一方、庁分《ちょうぶん》という院庁が管理する荘園の中に冨士庄があり、年貢納入が復活していた（島田文書）。山内庄は鎌倉の隣であり、幕府にとって重要な地なので、後白河法皇の遺志を承知の上で年貢納入を行なわず、支配下に置いたのであろう。

山内庄は元は長講堂領であったので、成立時期は後白河院政期となる。後白河天皇は保元三年（一一五八）八月に子の二条天皇に譲位し、院政を開始している。従来、荘園の成立は荘園の現地の者による寄進行為に基づくとされてきたが、近年は朝廷の官人などの働きかけも重要

地図5　山内庄内の郷村とその周辺

視されている。いずれにせよ、両者が共同で荘園を成立させたのである。山内氏は滝口の武者として京にいることが多かったので、後白河法皇の関係者と知り合う機会があり、そうした者と共同して、本拠地を寄進して山内庄が成立したのであろう。

　山内氏の本拠はどこであろうか。根岸線の本郷台駅（栄区）周辺は中世には山内本郷と呼ばれていた。本郷という地名は全国に多数あるが、荘園や国衙領の中心地という意味なので、山内氏の本拠も山内本郷に存在したと考えられる。近世には山内本郷は中之村《なかの》（中野町）・上之村《かみの》（上郷町など）・桂村（桂町）・公田村《くでん》（公田町）・小菅ケ谷村《こすがや》（小菅ケ谷町）・鍛治ケ谷村（鍛冶ケ谷町）の六村に分かれていた。

『相模国風土記稿』では小菅ケ谷村の鎮守である春日神社は古くは本郷六村の全体の鎮守としている。春日神社（奈良市）は藤原氏の氏神であり、一族の所領に勧請されることが多いが、山内氏も藤原氏一族なので、同社も山内氏が勧請し、山内本郷の鎮守とした可能性が高い。

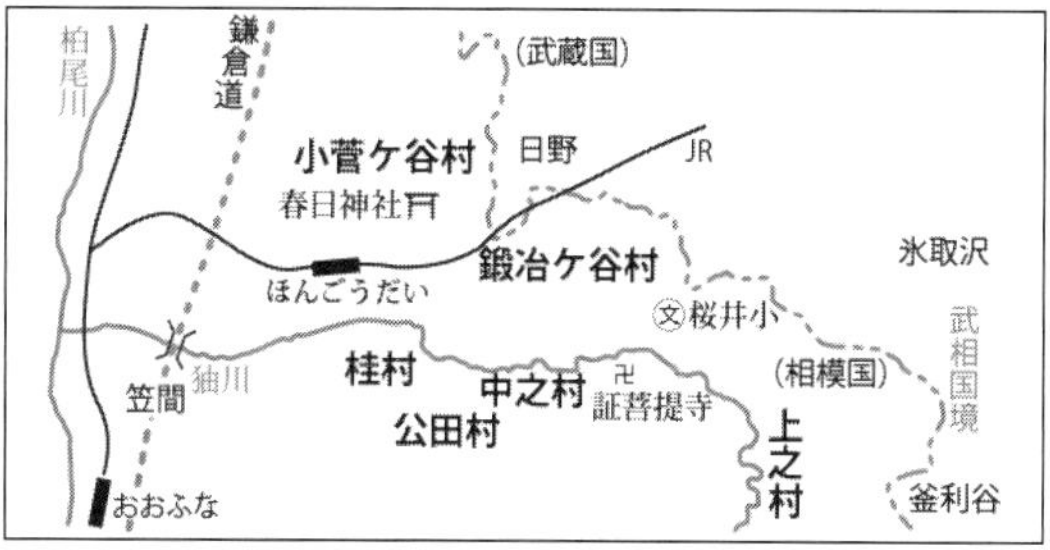

地図６　山内本郷内の六村

平治の乱と山内氏

保元の乱の三年後の平治元年（一一五九）に源義朝は平清盛と戦ったが、敗れて東国を目指して逃亡した（平治の乱）。『平治物語』には山内氏に関する記述がある。義朝の嫡子義平の郎党山内滝口俊綱は下河辺《しもこうべ》行義に首の骨を射られたが、矢を折り抜いた。これを見た義平は「俊綱は重傷のようなので、敵に討たすな、首を取れ」と述べた。これを聞いた鎌田正清は下人を遣わして、俊綱に痛手の様子を確かめさせた。俊綱は首を取れと述べたので、下人は首を斬った。父俊通はこれを歎き、討死を覚悟して馳せ廻ったが死ななかった。その後、六波羅合戦で敗北した義朝は逃走したが、平家に追撃されたので、平賀義信・片桐景重・俊通・斎藤実盛が取って返して戦ったが、俊通は討たれてしまった。結局、義朝方は敗北し、義朝は鎌田正清の言葉に従い、落ち延びた。

こうして山内俊通・俊綱父子は討死を遂げた。正清は『尊卑分脈』では俊通の祖父親清の弟通清の子で、通清には為義郎従の注記がある（系図1参照）。義朝は尾張国野間（愛知県美浜町）の長田忠致《おさだただむね》の所に落ち延びるが、裏切りにあって正清と共に殺害された。山内氏と鎌田氏は同族であり、代々の源氏嫡流の郎党として、活動していたのである。

大中臣氏略系図と中郡氏

『保元物語』には義朝に従った武士に常陸国の中宮三郎がいる。「大中臣氏略系図《おおなかとみうじ》」（京都府福知山市桐村家所蔵）という系図には中宮三郎や六浦庄の記載がある。この系図は藤原道長の曾孫師通の子忠実の弟頼継を大中臣氏の先祖とし、常陸国中郡庄《なかぐん》（茨城県桜川市）を与えられたとする。その子に頼経と宗経の二人がいるが、前者の子孫が中郡氏、後者の子孫が那珂《なか》氏である。中郡氏は中郡庄を本拠とした武士で、系図では頼経の子経高が保元・平治の乱に参加したとある。この経高は先述の中宮三郎のことであろう。

系図には経高の子朝経などの母は熱田大宮司季範《すえのり》の娘とある。頼朝の母，つまり義朝の正室も季範の娘なので、経高の室と義朝の室は姉妹、朝経らと頼朝は母方の従兄弟となる。この記述が事実ならば、中郡氏と義朝・頼朝は親族となる。だが、『尊卑分脈』には熱田大宮司季範に四人の娘がいて、その一人に源義朝妻の注記があるが、経高の妻に関する注記はないので、この系図の記載は検討を要する。

系図には宗経の子実経が保元二年（一一五七）に「相州六連《むつら》庄」を与えられたとある。六連庄は六浦《むつら》庄のことで、荘域は現在の金沢区と同じである。実際には武蔵国に属すが、他にも相模とする史料があり、鎌倉や三浦郡に接するので、相模国という認識が存在したのだろう。実経は『保元物語』には見えないが、保元二年は保元の乱の翌年なので、乱での活躍による恩賞として六浦庄を与えられたと考えられる。六浦庄は鎌倉の隣に位置し、上総や安房に進出していた義朝にとって房総半島に渡る港として重要であり、義朝またはそれ以前から源氏の嫡流が所領としていたのであろう。こうした重要地を与えられたのは、実経の従兄弟経高が義朝と親族であった点によるのかもしれない。だが、実経の名は『吾妻鏡』には見えず、幕府成立以前の六浦庄の領主に関する史料もないので、この系図の記載は検討の余地がある。

系図2【中郡・那珂氏系図（大中臣氏略系図）】

頼継┬頼経（中郡氏）―経高―朝経（母熱田大宮司季範女）
　　└宗経（那珂氏）―実経―実久

系図の末尾には那珂氏一門が持つ多数の所領が列記されているが、その先頭に「相州六連《ムツラ》庄、今闕所　保元二年実経給之」とある。この記述は鎌倉後期の所領の状況を記したものと思われる。闕所《けつしょ》（欠所）は何らかの理由で没収された所領を意味するので、以前に六浦庄は没収されていた。後述するように、六浦庄は関東御領で和田合戦の闕所地として北条義時に地頭職が与えられたと推定されている。関東御領とは鎌倉将軍が本所《ほんじょ》（荘園領主）の地位にあり、御家人などを預所や地頭に補任した所領のことで、①幕府成立以前からの源氏の所領、②平家一門から没収した所領（平家没官領）、③承久の乱で敵対した者から没収した所領、④その他の没収地などからなる。六浦庄は①にあたる。義朝の段階では地頭職は存在しないので、義朝は実経に預所職を与えたと考えられる。

系図では実経の子実久に「上総中三左衛門尉」の注記があり、頼朝から常陸国那珂東西両郡などを与えられたとする。建久六年（一一九五）三月に頼朝が東大寺供養に参列した時の行列の中に那珂中左衛門尉が見え、名乗りの一致から実久と思われる。同郡は那珂川の東西両岸一帯の郡名で、佐竹氏が支配していたが、治承四年（一一八〇）十一月の頼朝による佐竹氏の討伐後に没収された。

那珂氏は郡名を名乗っているので、那珂東西両郡を与えられた可能性は高いが、それを直接的に示す史料はなく、検討を要する。那珂氏は合戦などでの活躍は確認できないが、六浦庄や那珂両郡を与えられたのが事実とすれば、優遇が際立っている。これは源氏嫡流との関係の深さを示すものであり、注目される。

秩父平氏の広がり

『保元物語』には武蔵国の「高家《こうけ》ニハ河越、諸岡、秩父武者」という記述がある。高家とは家柄が良い家、武家の名門の家という意味である。秩父武者は特定の人物を指すのではなく、秩父平氏の武士の総称であろう。秩父平氏は桓武《かんむ》平氏の平良文の孫将恒が武蔵権守《ごんのかみ》として下向し、その子武基は秩父別当を名乗っており、この頃から秩父を本拠としていた。その子武綱は後三年合戦では義家に従い、その子重綱以降は武蔵国惣検校職を受け継いだ（諸説あり）。

秩父平氏は河越・畠山・江戸・豊島・葛西・渋谷氏などに分かれ、武蔵国で強大な勢力を誇った。さらに畠山氏からは小山田・稲毛・榛谷氏が分かれたが、畠山重忠・河越重頼のようにいずれも重を通字としている。秩父平氏でどの家が嫡流なのかは諸説ある。一般に畠山氏が嫡流と認識されているが、『吾妻鏡』治承四年（一一八〇）八月二十六日条には河越重頼は次男流だが、秩父平氏の家督を継いだとある点などから河越氏を嫡流とする説もある。

秩父郡は荒川の上流部で、水田は乏しいが、秩父にある牧の経営、秩父山地の鉱物・木材資源の獲得が定着の目的であろう。その後、重綱の孫重能《しげよし》は畠山（埼玉県深谷市）を本拠と

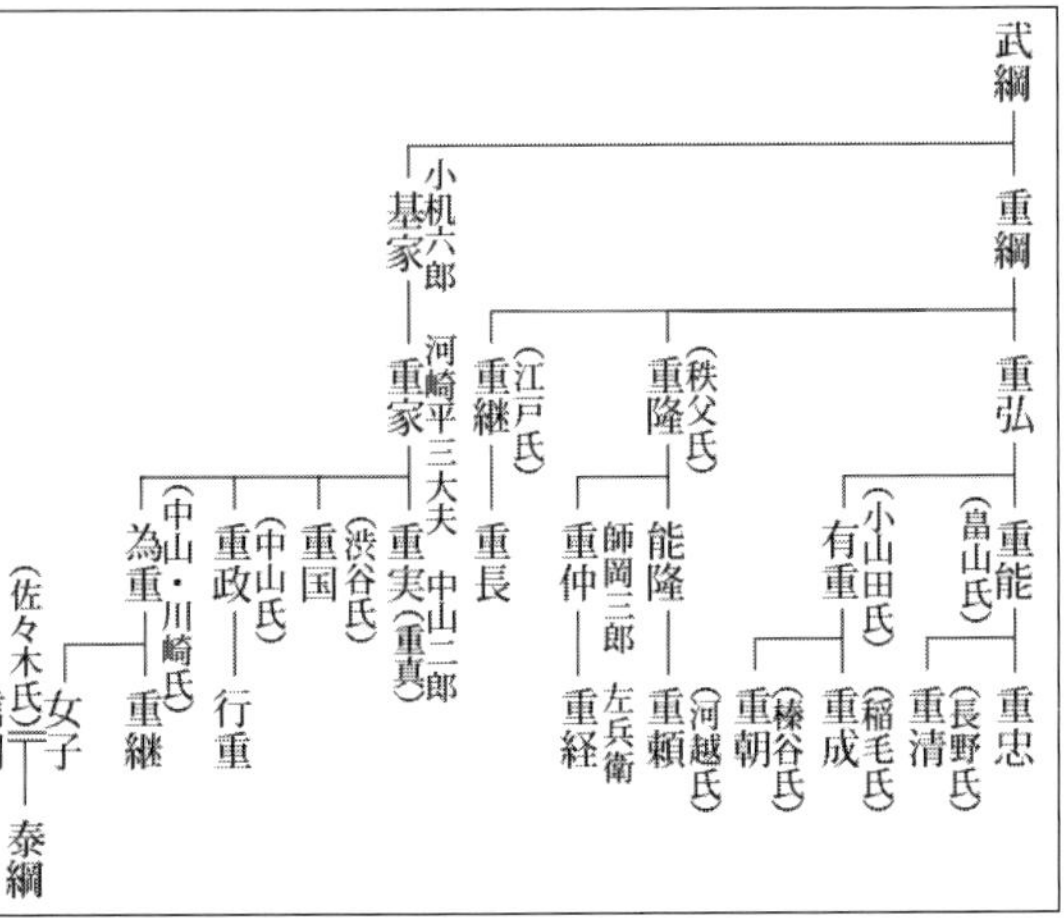

系図3　【秩父平氏系図】

し、畠山氏を名乗った。畠山は荒川が山地から平野に出た所であり、平野部への進出を果たしたことになる。重能の子重忠はさらに南下して、菅谷に館を構えていた。菅谷館の背後を流れている都幾川《ときがわ》は下流で入間川に合流する。その入間川中流に面する所に河越氏は館を構えていた。その館跡は現在、河越館跡（埼玉県川越市）として保存されている。

また、重能の弟有重は小山田の名字を名乗っている。『保元物語』には乱で敗れて落ち延びた源為義に向かって、源為朝が「坂東に下り、今度の軍《いくさ》に上らなかった三浦義明・畠山庄司重能・小山田別当有重を太政大臣・左右大臣・内大臣にし、平将門のように自らを親王と号し、奥州の藤原基衡を語らって坂東を固めよう」と進言したとあり、畠山重能・小山田有重兄弟が有力な武士であったことがわかる。

有重の本拠は小山田庄（保）で、鶴見川の最上流にあたる。有重の子重成は稲毛庄（川崎市中原区周辺）を本拠とし、稲毛を名字とした。稲毛庄は多摩川下流の西側にあるが、後述するように、その下流の河崎にも秩父平氏が進出していた。また、重成の弟重朝は帷子川流域の榛谷御厨を本拠とし、榛谷を名字とした。

つまり、畠山・河越氏は入間川水系に沿って南下して勢力を広げ、さらに多摩川・鶴見川・帷子川水系にも進出したのである。一方、江戸・豊島・葛西氏も南下して入間川・荒川・古利根川（最下流は中川）の下流を本拠とした。

小机六郎基家と渋谷・河崎氏

秩父平氏の一族が掲載されている系図は多いが、その中でも信頼性が高く、独自の記載があるのが中条家文書（山形大学所蔵）所収の「桓武平氏諸流系図」である。この系図には平武綱の子基家に「渋屋」「小机六郎」、その子重家に「平三大夫」、重家の子重真に「中山次郎」、その弟重国に「渋屋庄司」の注記がある。この記述は基家が小机（港北区）を本拠としたことを示している。父武綱は義家に従っているので、十一世紀末期から十二世紀初期の人となる。院政期以前に秩父から南下して、鶴見川水系の小机に進出していたのである。

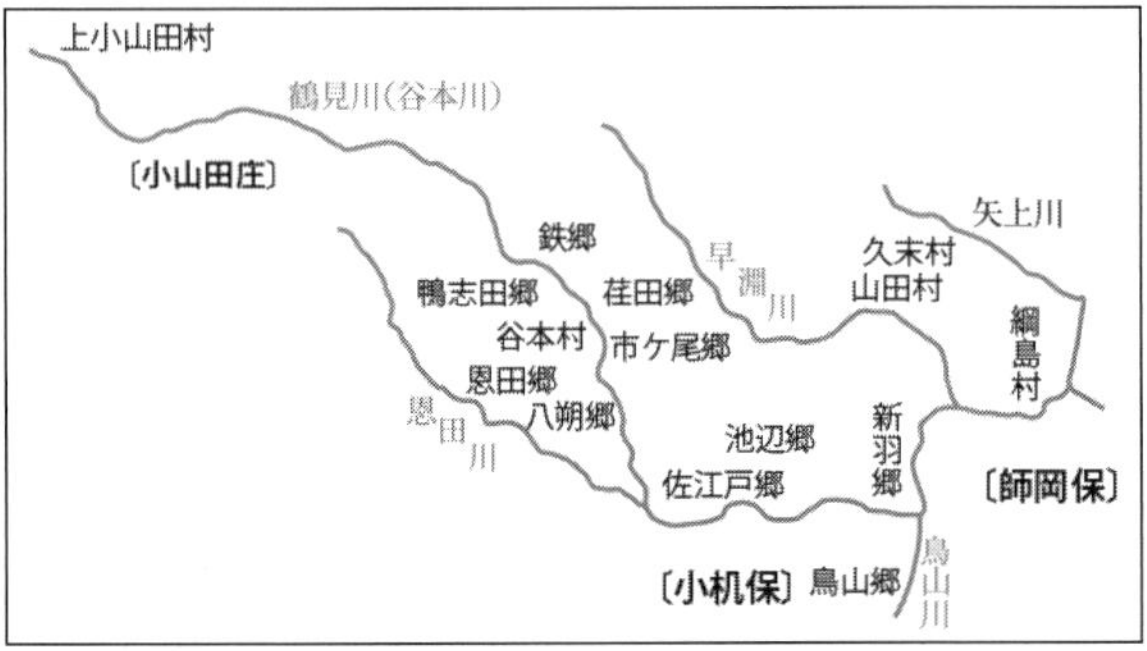

地図7　鶴見川水系の主要な地名

一般的には基家の孫重国が渋屋（渋谷）に定着し、渋谷氏を名乗ったとされているが、基家に「渋屋」の注記があるので、それ以前に遡る可能性がある。重国に「渋屋庄司」の注記があり、『吾妻鏡』でも渋谷庄司を名乗っているので、重国の頃に渋谷庄が成立したと見られる。同庄は大庭御厨の北に位置し、その領域は藤沢市北部、綾瀬市・大和市一帯である。

他に渋谷氏の子孫である入来院《いりきいん》氏に伝わった「平氏系図」があり、武綱の子基家に「小机六郎」、その子重家に「号河崎平三大夫」、その子重実に「中山二郎」、その弟重国に「渋谷庄司」の注記がある。この記載は「桓武平氏系図」とおおよそ同じである。入来院氏は薩摩国入来院を本拠とし、後に島津氏家臣となり、近世には薩摩藩士となった。

河崎氏と中山氏

重実に関しては『吾妻鏡』治承四年（一一八〇）八月

二十六日条に三浦氏を攻撃するため、畠山重忠の要請により、河越重頼・中山次郎重実・江戸重長らが向かったとある。だが、『吾妻鏡』にはこれ以外に重実の名は見えない。その後、河越氏や江戸氏は許されて、頼朝に従っているので、重実も許されたと考えられるが、その点は不明である。

その後、『吾妻鏡』文治五年（一一八九）七月十九日条には中山四郎重政と同五郎為重が頼朝の随兵として見える。重実と同じ中山氏であり、重実が次郎なので、重政と為重はその弟と見られる。その後も随兵として中山四郎・中山五郎の名が見え、御家人として頼朝に仕えていた。重政は後述する和田合戦で討死し、所領を没収されている。一方、為重は後述する比企の乱で比企能員方として戦い自殺した。為重は能員の聟であり、その関係で比企方として戦ったのである（『吾妻鏡』建仁三年九月二日条）。当時、権勢があった能員の聟なので、有力な武士であったと思われる。

この為重と同一人物と見られる記載が『尊卑分脈』にある。近江源氏の佐々木泰綱に「壱岐守」、「母川崎五郎平為重女」の注記がある。この川崎五郎為重と中山為重は名前・五郎の通称・平姓が一致するので、両者は同一人物であり、中山と川崎の両方の名字を名乗っていたことになる。先述の系図には為重の父重家に「河崎平三大夫」の注記があるので、河崎を本拠としていたと見られる。中世の河崎（川崎）は川崎駅から川崎大師付近一帯と推定されている。一方、中山は小机の西に位置する中山（緑区）である。重家の子たちの名字は中山なので、中山を本拠としていたが、為重は川崎も所有していたので、川崎の名字を名乗ることもあったと見られる。泰綱の父は信綱なので、為重の娘は信綱と婚姻し、泰綱を生んだことになる（系図3・13参照）。

この泰綱の名が坂戸明神（千葉県袖ケ浦市）旧蔵の弘長三年（一二六三）二月八日付の鐘銘に見える。これには「大檀那禅定比丘尼十阿并従五位上行前壱岐守源朝臣泰綱」が河崎荘内勝福寺に鐘を寄進したとある。湯山学氏はこの比丘尼十阿を為重の娘と推測している。勝福寺は父為重が領有していた河崎荘内にあったので、中山（川崎）氏の菩提寺と思われ、鐘を寄進するのは自然な行為である。鐘が鋳造された弘長三年は比企能員の乱から六〇年経過しており、十阿が為重の娘としたら、六〇歳以上であり、かなりの高齢となる。

中山は恩田川の南岸にあり、鎌倉中道が通っているが、南に行くと同じ畠山一族の榛谷氏の本拠榛谷御厨である。つまり、中山は交通の要衝で、同族の榛谷氏との中継地点でもあり、本拠とするには絶好の立地にある。

為重の死後、本領の河崎や中山は没収されたと思われる。だが、後述するように佐々木泰綱は小机郷内の鳥山を所領としていた。為重の娘が信綱の妻であったので、鳥山が泰綱に譲られたと思われる。当時は婚姻により所領が嫁ぎ先の家に移ることが多かった。先述の系図では為重の祖父基家は「小机六郎」を名乗っており、小机を本拠としていたので、中山氏はそれを受け継ぎ、小机郷を所領としていたと考えられる。

師岡重経の本拠

『保元物語』で河越の次に記されている諸岡も秩父平氏の一族と見られる。『吾妻鏡』には師岡重経という武士が三回出てくる。正宗寺本「諸家系図」では秩父重隆の子重仲に「師岡三郎」、その子重経に「左兵衛」の注記がある。この系図によれば、師岡重経は秩父重隆の孫となる。重隆は畠山重忠の祖父重弘の弟である（系図3参照）。久寿二年（一一五五）八月に源義平は大蔵館（埼玉県嵐山町）を襲って、源義賢（為義の子、義朝の弟）と重隆を討ち取った（大蔵合戦）。この合戦は源為義と義朝、重弘と重隆の対立が背景にあると考えられている。重隆は討たれたが、これ以前にその子重仲は師岡に進出していたと考えられ、重経はその跡を継承していた。寿永元年（一一八二）八月十二日に北条政子が出産し、鳴弦《めいげん》役を師岡重経・大庭景義・多々良貞義、引目役を上総介広常が務め、河越重頼の妻（比企尼の娘）が乳付《ちづけ》をした。大庭景義と上総介広常は保元の乱に参加しているので、この時にはかなりの年齢に達しており、長老というべき存在であった。重経も同世代と思われ、『保元物語』の諸岡とは重経と思われる。

また、『吾妻鏡』文治元年（一一八五）四月十五日条には朝廷から勝手に任官した者が墨俣《すのまた》

（岐阜県大垣市）以東に下向したら、斬罪にするとした御家人の名前を列記し、頼朝がコメントを加えた書上に兵衛尉重経の名がある。これには御勘当は免ぜられ、本領を返付すべきだが、返付しないとあるが、他の御家人も後に許されているので、返付されたと考えられる。文治五年七月十九日条に奥州藤原氏攻撃に出陣する御家人の中にも名が見える。これ以後は『吾妻鏡』に見えないが、かなりの年であったと推定されるので、隠居または死去したと考えられる。

その後、建久六年（一一九五）三月十日に頼朝が東大寺供養に行った時の行列に諸岡次郎が見え、重経の子と考えられる。これ以外には師岡氏の名は見えない。師岡氏の本拠については横浜市港北区師岡と青梅市師岡の両説がある。横浜市の師岡の北には鶴見川が流れているが、上流に小山田氏、中流に中山（河崎）氏、隣の帷子川水系に榛谷氏、多摩川下流に河崎氏という秩父平氏系の武士が周囲を本拠としているので、市内の師岡が本拠と考えられる。一方、青梅市の南の八王子市域は武蔵七党の一つ横山党の本拠（八王子市元横山町が遺称）であり、この地域に師岡氏のような秩父平氏が進出するのは困難である。

師岡熊野神社と師岡保

師岡には師岡熊野神社があり、『武蔵風土記稿』には次のような社伝が記されている。神亀元年（七二四）に老僧が来て、夢に現れた熊野権現の御告げで春日神社に参籠《さんろう》して本地の阿弥陀像を得て、この地の小祠に祀った。その後、仁和元年（八八五）に光孝天皇の病気の祈祷に霊験があり、宣旨により神社を造営したという。

熊野信仰は院政期に流行し、白河・後白河院は繰り返し熊野詣を行なった。熊野信仰が関東に広まった時期は明確ではないが、院政期には確実であり、同社の創建も院政期またはそれ以前と見られる。武蔵国分寺から出土した瓦には諸岡郷の銘があり、奈良時代に既に諸岡郷が存在した。これは古くから師岡がこの地域の中心であったことを示しており、そうした点から師岡に熊野神社が創建されたのだろう。

法華寺

師岡熊野神社の別当寺であった法華寺（天台宗、深大寺〈東京都調布市〉末）では大般若経を三三〇巻所蔵している。この経典は唐の玄奘《げんじょう》が訳したもので、計六百巻ある。一方、『武蔵風土記稿』では同社では三五八巻所蔵していたとある。そのうち各一巻に治承六年（一一八二）や文治二年（一一八六）の奥書がある。また、別の巻には「元久二年十一月廿三日、向奉　大久万別処東城寺毘沙門堂主大仏頂持者金剛仏子乗蓮房源朗」という奥書がある。

大久万は大熊（都筑区）のことで、『武蔵風土記稿』の大熊村の項には①小名として毘沙門谷がある、②熊野社に平将門が参籠し、観音を得たという伝承がある、③社殿の脇に毘沙門堂があると記されている。こうした点から大熊にあった毘沙門堂の堂主源朗が元久二年（一二〇五）に大般若経を奉納したと考えられる。同村の熊野社の創建年代は不明だが、平将門の伝承から見て、中世以前から存在し、師岡熊野神社と関係が深かったと推測される。同社は現存しないが、同社の右脇にあった別当寺の長福寺（曹洞宗）は大熊町の北の仲町台にある。

別の巻には「都筑郡池辺《いこのべ》郷草壁部末友縁友伴氏」、「大施主草加部末友伴氏、為且ハ当時祈祷（中略）元暦元年癸卯九月九日始之」などという奥書がある。縁友は鎌倉時代の史料に見られる用語で、妻を意味するので、元暦元年（一一八四）に池辺郷（都筑区）の草壁末友夫妻が大般若経による祈祷を依頼した時に記された奥書と考えられる。池辺郷は師岡の西に位置し、比較的近い所にある。草壁氏は『吾妻鏡』などの史料に名は見えないが、鎌倉初期には池辺郷を本拠としていた有力な家と思われる。このように師岡から鶴見川を遡った大熊や池辺の住人が近隣の師岡熊野神社に信仰を寄せていたのである。

神社の別当寺である法華寺では正月八日に大般若経を転読していた。この行事は国家の安穏を祈るため、奈良時代から行なわれていたが、鎌倉初期の大般若経は貴重なものであり、神社に対する信仰の古さを物語る。当時は神仏習合なので、神社と法華寺が一体となって行事をしていたが、明治時代の神仏分離により、大般若経は法華寺の所蔵となった。

神社には貞治二年（一三六三）十二月の番帳があり、心蓮坊など十七坊が七日ごとに交代で勤行することが定められている（武蔵風土記稿）。十七坊は現在しないが、坊名が神社周辺の地名や屋号として残されている。また、神社では中世のものと推定される牛玉《ごおう》板を所有している。中世には各地の寺社で牛玉宝印《ごおうほういん》と呼ばれる厄除けの護符を出していた。熊野神社の場合は烏で「那智瀧宝印」（那智社）、「熊野山宝印」（本宮・新宮）という文字を記し、その裏に起《き》請文《しょうもん》を書くことが中世には行なわれていた。熊野神社の牛玉宝印は牛玉板で印刷したもので、師岡熊野神社でも本社にならって、牛玉宝印を発行していたのである。この点でも同社が古い由緒を持つことがわかる。

師岡保の成立時期

中世には師岡を中心とした師岡保があった。保は便補保《べんぽのほ》とも呼び、国衙領の未開地や荒廃地の再開発を奨励するための制度で、開発した土地が保、開発申請者は保司と呼ばれた。申請者が在京領主の場合は京保と呼ばれ、官物《かんもつ》が在京領主に納められた。一方、在地領主や在庁官人（国衙の役人）の場合は国保と呼ばれ、国衙に納められた。

師岡保の初見史料は寿永二年（一一八三）二月二十七日付の鶴岡八幡宮に武蔵国師岡保内

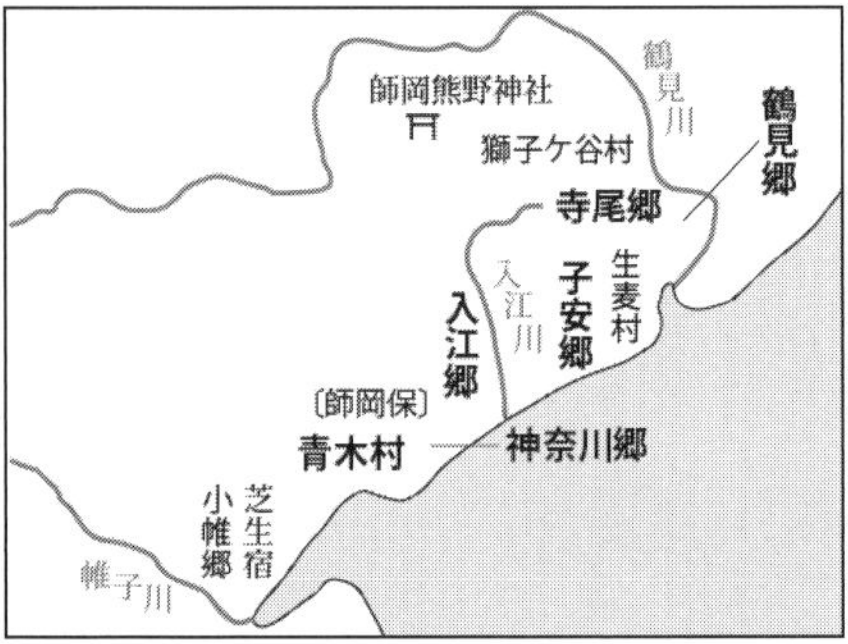

地図8　師岡保内の郷村

大山郷を寄進した源頼朝寄進状とされている（中野忠太郎氏所蔵文書）。だが、この頃は頼朝は改元に従わず、治承七年の年号を使用しており、この文書には疑問がある。また、永和三年（一三七七）八月の鶴岡八幡宮の鶴見郷代官の神事料請取状には鶴見郷（鶴見区）に「大山郷と号す」の注記があり（鶴岡八幡宮文書）、この二通の文書を根拠として鶴見郷が師岡保内とされてきたが、頼朝の寄進状は疑問があるので、これを根拠にはできない。

『吾妻鏡』仁治二年（一二四一）十月二十二日条には「秋田城介所領同国鶴見郷」とあるが、師岡保とは書かれていない。他にも鶴見（郷）と記す史料はあるが，単に鶴見とあるだけである。他の鎌倉時代の史料にも師岡保とあるものはなく、貞治六年（一三六七）三月の沙弥至中譲状《ゆずりじょう》に「武蔵国師（岡脱）保小帷郷」とあるのが事実上の初見である（臼田文書）。このように師岡保が史料に見えるのは南北朝期になってからである。

師岡保内の郷と領域

この譲状から師岡保に小帷《こかたびら》郷があったことがわかる。『武蔵風土記稿』には保土ケ谷宿の帷子町（保土ケ谷区）は帷子川を境にして、下岩間町（保土ケ谷区）の隣で、東北は芝生村《しぼう》（西区）で、地元の人はここを小帷子と呼ぶとし、町内に牛頭天王社《ごずてんのう》と神明宮があるとする。また、保土ケ谷宿内の帷子上町は帷子川のあたりの古町から慶長年中に移住したとある。

古町は近世の東海道の西奥にあり、元々は同地付近を東海道が通っていたが、現在の道に付け替えられた。牛頭天王社は明治になって、仏教色が強い名称が忌避されたため、大正十年（一九二一）に橘樹神社に改名した。天王町の名前はこの神社に由来する。以前は帷子川は天王町と岩間町の境界付近を流れていたが、昭和三十九年（一九六四）以降に少し北側に流路が変更され、現在は帷子川の南側に天王町の一部が残っている。旧流路は現在は天王町駅前公園・帷子公園となっている。つまり、小帷郷は帷子川の北側にあったと考えられる。

先述した『廻国雑記』によれば、道興は鎌倉下道をたどり、新井・駒林を経て「かたびらの宿」に着き、和歌を詠んでいる。帷子宿は小帷郷にあったと思われる。中世には宿のような町場に牛頭天王社（八坂神社）が勧請されるのが一般的であり、「かたびらの宿」にも勧請されていたのである。

嘉吉元年（一四四一）十二月の上杉家奉行人奉書は鶴岡八幡宮に師岡保柴関所を以前のよう

に安堵している（鶴岡八幡宮文書）。柴は師岡保内にあり、小帷郷の北に位置したが、近世には芝生《しぼう》村となった。これ以前の正中二年（一三二五）閏正月に時宗の遊行上人安国が「武州芝宇宿」で賦算している（遊行歴代譜）。芝宇は芝生のことで、同地には関所や宿があった。小帷や芝生は帷子川河口で鎌倉下道が通る交通の要衝で、宿・関所・天王社が存在する都市的空間であったのである。

他に中世史料に師岡保内とある郷に入江郷（神奈川区大口など）や青木村（神奈川区青木・三ツ沢など）がある。また、後述する鶴見寺尾郷絵図に子安郷（神奈川区子安・鶴見区生麦など）が見えるが、入江郷と一体の地なので、師岡保であったと考えられる。鶴見郷に関しては先述の頼朝寄進状は疑問があるが、川が所領の境界となるのは一般的なので、鶴見川が師岡保の東の境界で、同郷も師岡保内であった可能性がある。

以上の点から師岡保の領域は北は近世の師岡村、東は鶴見郷、西は小帷郷となり、東は鶴見川、西は帷子川が境界となっていたと推測される。師岡村の東隣の獅子ケ谷村（鶴見区）について、『武蔵風土記稿』には古くは師岡郷と伝え、文禄三年（一五九四）の検地帳には師岡ノ内鹿ケ谷と記されているとあるので、同村も師岡保内となる。周辺には樽村・大曽根村・太尾村・菊名村・篠原村（すべて港北区）などがあるが、これらの村が師岡保内であったかは不明である。

師岡保の開発主体

先述したように、保は開発行為により成立した所領単位である。師岡保の成立に関して『横浜市史』では熊野神社を祭神とした土豪が開発を行い、周辺地域を含めて集団化し、師岡保が生まれたと想定している。これは土豪や百姓による熊野信仰や開発行為を重視した考えである。一方、後述するように小机郷が鎌倉中期の幕府による開発後に小机保になっているので、同じ鶴見川流域の師岡郷も同様の経緯で、師岡保が成立したとも考えられる。いずれにせよ、師岡保の成立に関しては、師岡保の中心に熊野神社があるので、熊野信仰を広めた熊野僧や御師《おし》との関連も考慮すべきである。熊野御師は各地で熊野詣を勧め、参詣者を檀那とし、熊野詣を案内する役割を果たした。

先述した義朝の大庭御厨乱入事件の際に伊勢神宮は熊野僧が御厨に預けた供米《ぐまい》を義朝が奪ったと訴えているので、既に熊野僧は相模国に進出していたことがわかる。この米は熊野神社領の年貢や熊野の信仰者からの布施などと考えられる。熊野僧は集積した米を領主や百姓に貸し付けていたので、大庭御厨に預けた米も同様の目的のものであろう。この中に師岡熊野神社に関係する米が含まれていた可能性がある。また、熊野僧は米を食料や種籾《たねもみ》として投入し、開発を推進していたと思われ、開発主体である領主や百姓を熊野僧がバックアップしていた可能性もある。

熊野信仰は海上交通を利用して広まったので、海に面した所に熊野神社があることも多い。師岡保内の青木村には神奈川港を見下ろす山の上に熊野神社が存在した。権現山（神奈川区幸《こう》ケ谷《がや》）がその遺称で、近世に移転して、現在は金蔵院（神奈川区東神奈川）の近くにある。同社の創建年代は不明だが、海に面している点から熊野僧の活動拠点とも考えられる。このように熊野僧の活動が師岡保の成立に関係した可能性はある。

第二章　鎌倉幕府成立と市域の武士

五郎丸の墓

源頼朝の挙兵と石橋山合戦

平治の乱後、源頼朝は伊豆に流罪になった。一方、平清盛は後白河法皇との関係が悪化して法皇を幽閉し、一部の公家や寺社とも対立した。その結果、平家追討を命じる以仁王《もちひとおう》の令旨《りようじ》が出され、諸国の源氏に挙兵が呼びかけられた。これに応じて頼朝は治承四年（一一八〇）八月十七日に伊豆で挙兵し、目代《もくだい》山木兼隆を討ち取った。これに対して平家方の大庭景親と伊東祐親が中心となり、頼朝追討の軍を起こした。一方、頼朝は二十三日に石橋山（小田原市）に陣を敷いた。

大庭景親は三千余騎を率いていた。その中に市域の武士としては俣野五郎景久、長尾新五為宗、長尾新六定景、山内滝口三郎経俊、飯田家義がいた。俣野景久は大庭景親の弟で、俣野を本拠とした。長尾為宗と定景は兄弟で、長尾（栄区長尾台）を本拠とした。大庭・俣野・長尾氏は鎌倉党の武士である。山内経俊は山内庄、飯田家義は飯田（泉区上飯田・下飯田）を本拠とする武士である。家義は頼朝に志を通じていたが、景親の軍が道路を塞いでいたので、心ならずも景親に投じたという。一方、伊東祐親の軍勢三百余騎は石橋山の後方に陣を敷いた。

景親は三浦氏が来ると不利になると判断し、日暮に戦いを開始した。多勢に無勢で頼朝は敗れ、佐奈田義忠らが討死した。延慶《えんきょう》本『平家物語』には俣野景久が佐奈田義忠と組み合っていたところに、景久の従兄弟長尾為宗・定景兄弟が来て、定景が義忠の首を切ったとある。義忠は岡崎義実（三浦義明の弟）の子で、真田（平塚市）を本拠としていた。

頼朝は背後の杉山に逃れようとしたが、大庭景親に追撃された。そこに景親の陣にいた飯田家義が来て景親と戦い、その隙に頼朝はからくも逃れた。翌二十四日に頼朝らは杉山から散りになって落ち延びていった。そこに家義が来て、頼朝が落とした念珠を渡したので、頼朝は感激した。家義は頼朝の供をすると言ったが、土肥実平が諌めたので、泣く泣く退去した。このように家義は頼朝の命を救ったのである。

翌二十五日に大庭景親は頼朝の逃亡を防ぐため、各地に軍勢を派遣した。俣野景久は甲斐の武田氏などを襲撃するため甲斐に赴き、富士山の北麓に着いたが、そこに安田義定らが甲斐から来て戦いとなり、互角だったが、結局景久は逃亡した。

平家方武士の降伏

その後、頼朝は安房に渡海し、上総・下総を経て、十月二日には隅田川を渡って武蔵に入った。この勢いを見て、豊島清元・葛西清重・畠山重忠・河越重頼・江戸重長ら秩父平氏が次々と頼朝のもとに参上した。六日に頼朝は鎌倉に入ったが、平維盛が大軍を率いて駿河に着いたことを聞き、駿河に出陣し、二十日に賀嶋《かじま》（静岡県富士市）に到着した。一方、平維盛・忠度は富士川西岸に陣を敷いていた。この時に水鳥が飛び立つ音に驚いて平家軍が退却したという『平家物語』の話は有名だが、創作と考えられている。とは言え、戦いがあったのは事実で、飯田家義は富士川を渡って平家軍を追撃し、伊勢国の伊藤武者次郎と戦ったが、子の飯田太郎は討たれてしまった。これに対して、家義は伊藤を討ち取った。

翌二十一日に頼朝は平家を追撃して上洛を図ったが、三浦義澄や上総介広常がまず関東を固めてから関西に向かうべきと諫めたので、黄瀬川（静岡県沼津市・清水町）に戻り、そこで源義経と対面した。二十三日に頼朝は相模国府（大磯町国府本郷）に到着し、本領安堵と新恩給与を行った。その中に飯田家義の名がある。国府には石橋山合戦で敵対した武士たちが来て降伏し、大庭景親は上総介広常、長尾為宗は岡崎義実、弟の定景は三浦義澄に預置かれた。山内経俊は山内庄を没収され、土肥実平に預置かれた。預置は当時の武士の間の慣習で、鎌倉時代には犯罪者や敵対者が囚人として預置かれていた。

預置かれた武士の中には武芸を披露するなどして、許された者がいた。親族や同輩であった武士を預かった場合も多く、何らかの機会を捉えて、頼朝から赦免の許可を得ようと心掛けていた。後述するように、経俊や長尾氏も許されている。一方、二十六日に大庭景親は固瀬川辺（藤沢市）で梟首《きようしゆ》された。頼朝としても平家方の中心であり、許せなかったのであろう。弟の俣野景久はなおも平家に心を寄せていたので、上洛した。

俣野景久の最期

寿永二年（一一八三）四月に平家は源義仲追討のため、北陸に軍を派遣したが、五月に越中・加賀国境の倶利伽羅《くりから》峠（富山県小矢部《おやべ》市・石川県津幡《つばた》町）で敗れた。義仲は加賀に進軍し、六月に篠原合戦（石川県加賀市）で勝利した。『平家物語』によれば、景久は京に行き、平家に祗候していたが、この平家方の軍勢の中にいた。篠原合戦の直前に斎藤実盛は景久らに「木曽に付こう」と言ったが、翌日に「昨日申したことはいかに」と述べると、景久は「我等は東国では名を知られた者であり、あちらについたり、こちらについたりするのは見苦しいので、景久は平家につく」と述べた。これを聞いて、実盛は「自分は討死の覚悟をしてきた」と述べた。そして、景久・斎藤実盛・伊東祐氏（『吾妻鏡』では祐清、『尊卑分脈』では祐忠）らは討死した。

斎藤実盛は源義朝に従い、保元・平治の乱で戦ったが、その後は平家に仕えていた。伊東祐氏は伊東祐親の子で、一旦は頼朝に従ったが、許可を得て上洛していた。彼らは平家と関係が深かったため、篠原で平家方として討死したのである。

その後の俣野氏

その後の俣野氏に関しては『吾妻鏡』建久六年（一一九五）十一月十九日条に次のような記述がある。今日、頼朝が大庭御厨俣野郷内にある大日堂に田畠を寄進した。この堂は故俣野景久が帰依していた仏殿である。堂内の仏（大日如来）は景政が伊勢神宮の二〇年に一度の造替の時に伐り取られた心柱《しんばしら》で造立したもので、開眼供養を行い、東国の人々を守護するように誓願した。だが、景久の死後、堂舎が傾き、仏像が雨露に侵された。景久の後家尼がこれを歎いたのを三浦義澄が伝え聞き、興隆を行なうように取り計らった。本尊の御衣木《みそぎ》と伽藍の由緒、景政の誓願は幕府を守護するものなので、頼朝はいささかの奉加《ほうが》をした。

この記述から次のような事が読み取れる。まず、この大日堂が大庭御厨内の俣野郷にあったことが注目される。大庭御厨を寄進した景政は伊勢神宮と関係があったので、解体された神宮の建物の心柱を入手したのであろう。大日如来は空海により導入された密教の中心本尊で、平安時代には各地の密教寺院に安置されていた。大日堂の建立は景政が密教を受容していたことを意味する。また、俣野郷に建立したのは、景政にとって同地が重要であったからであろう。先述したように、境川が俣野川と呼ばれていたのは、こうした背景があるのだろう。この点から景久の本拠は大庭御厨内の俣野郷であったが、境川の東岸にも勢力を伸ばし、その結果として両岸が俣野になったと考えられる。頼朝は伊勢神宮を信仰していたので、その心柱で作った大日如来を信仰するのは当然であった。その後、『吾妻鏡』承元三年（一二〇九）十一月五日条には、頼朝が帰依していた大日堂の霊仏が近年破壊（破損）していることを源実朝が聞き、北条義時に修理を命じたとある。

景久は討死したが、その後も俣野氏の名は『吾妻鏡』に見える。承久の乱の宇治橋合戦（京都府宇治市）で手負をした者の中に俣野小太郎の名がある（承久三年（一二二一）六月十四日条）。また、嘉禎四年（一二三八）二月十七日に将軍藤原頼経が上洛して六波羅御所に入った時の行列、仁治元年（一二四〇）八月二日に頼経が二所参詣した時の行列に俣野弥太郎がいる。『吾妻鏡』に見えるのはこの三箇所のみであり、景久が有力な武士であったのに比べると目立たない。おそらく、本領の俣野郷の代わりに別の小規模な所に地頭職を与えられていたと思われる。

系図4【工藤・伊東・曽我氏系図（主に『尊卑分脈』）】

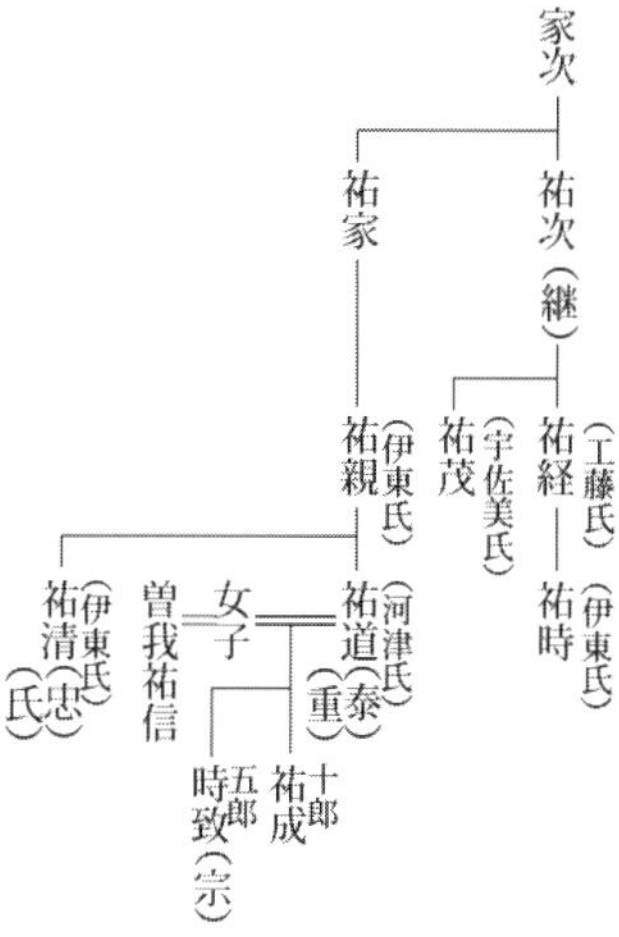

大力の相撲取り俣野景久

景久は『曽我物語』にも登場する。『曽我物語』は工藤祐経に父河津三郎祐重（『吾妻鏡』では祐泰、『尊卑分脈』では祐道）を討たれた曽我十郎祐成《すけなり》と五郎時致《ときむね》兄弟の仇討ちの物語である。『曽我物語』には漢字のみで書かれた真名《まな》本と仮名で書かれた仮名本があり、前者が古いものである。この話は後に謡曲（能）・狂言・歌舞伎などの題材ともなった。

　頼朝が伊東の館（静岡県伊東市）にいた時に、大庭景義が宿直《とのい》をしたいと頼朝に述べて許可を得ると、それを聞いた近国の侍が集まった。その中に俣野景久や山内経俊がいた。頼朝は奥野で狩を行い、その帰りに相撲を取ることになり、途中から景久が相撲を取り、二十一番続けて勝った。それを見た土肥実平が「よい相撲かな。自分が年十四・五も若かったならば取りたい」と言った。それを景久が聞いて「相撲は年齢に関係ないから、出てとろう」と言われ、実平は困ってしまったので、実平の聟の河津祐重が取ることになった。祐重は心中で「さすが俣野は相撲の大番をつとめに都にのぼり、三年の間、京にて相撲になれ、一度不覚をとらぬ者なり。その故、院・内の御目にかかり、日本一番の名をえたる相撲なり」と思いを巡らした。そして、相撲を取ると河津が勝った。俣野は木の根につまづいたと述べたので、もう一番とることになった。最後は「むずとひきよせ、目よりたかくさしあげ、半時ばかり有て、横さまに片手をはなちて、しとどうつ」とあり、河津が勝った。

　この話は勝負には負けたものの、景久の大力ぶりを物語っている。延慶本『平家物語』にも景久が大力と書かれている。景久は実際に大力であったと思われ、それを元にしてこの挿話が創作されたのだろう。平安時代には各地の武士が京で相撲を取る行事があった。景久がその行事で相撲を取ったことは史料では確認できないが、可能性はある。その景久に勝った河津祐重はさらに強いことになる。後に祐重は相撲の元祖とされ、河津掛の決まり手の元にもなっている。後述するように『曽我物語』の裏のテーマに力比べがあり、この話もその一つである。

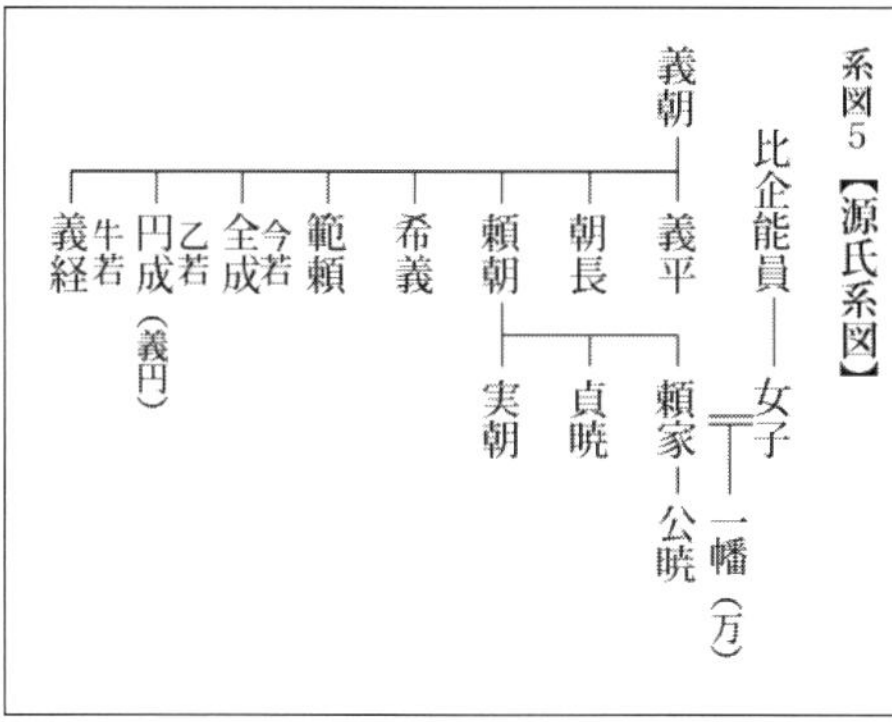

源氏祈祷所の威光寺と弘明寺

頼朝は駿河から鎌倉に戻った後、治承四年（一一八〇）十一月に常陸の佐竹氏を討伐して降伏させた。その後、鎌倉に戻る途中の十五日に威光寺は源氏数代の祈願所なので、院主増円の僧坊・寺領を元のように安堵している。威光寺は現存しないが、かつては川崎市多摩区長尾にあり、鎌倉時代には多くの院を持つ大規模な寺であったと推測されている。数代とあるので、義朝以前から源氏の祈願所であったことになる。だが、平治の乱以降、保護者を失った威光寺は衰えていたため、頼朝は寺の再興を図ったのであろう。

十七日に頼朝は鎌倉に戻り、和田義盛を侍所別当に補任した。十九日に頼朝は弟の全成《ぜんじょう》に長尾寺（威光寺）を与え、増円などの僧を召し出して本坊を安堵した。増円は威光寺の院主（住職）なので、全成はそれより高い地位（別当か）に就いたと考えられる。全成は義朝と常盤御前の間の子で幼名は今若と言い、弟が乙若（義円）、牛若（義経）である。全成は醍醐寺で修行していたが、以仁王の令旨が下されたのを聞き、関東に下り、前月一日に頼朝と下総鷺沼（千葉県習志野市）で対面していた。醍醐寺にいた全成は真言宗の教義や祈祷に通じていたので、頼朝は全成を通じて、直接管理することを狙ったと考えられる。

翌養和元年（一一八一）正月二十三日に頼朝は源氏累代の祈願所である長尾寺と求明寺（弘明寺）などを長栄が沙汰することを定めた。この沙汰とは次の『吾妻鏡』の記述に威光寺の院主長栄とあるので、住職として寺を差配するという意味であり、増円から長栄に住職が代わった。交代の理由は不明である。

弘明寺山門

元暦二年（一一八五）三月二十四日に壇ノ浦合戦で平家が滅亡したことが四月十一日に鎌倉に伝えられた。十三日に威光寺の院主長栄が祈祷を日夜行った結果、平家が滅亡したので、頼朝は「御感沙汰」を行なうとした。「御感沙汰」とは褒美として布施を下賜することであろう。長栄は弘明寺も沙汰していたので、同寺でも祈祷が行なわれていた。両寺では挙兵後から平家滅亡に至るまで、昼も夜も平家滅亡の祈祷が続けられ、その効験があったとして、頼朝から賞賛されたのである。

真言宗寺院弘明寺

弘明寺は真言宗の古刹として現在も信仰を集め、門前には商店街がある。寺には明応五年（一四九六）十二月の勧進帳が残され、寛徳元年（一〇四四）三月十日の立柱、光恵が建立し、本尊は行基作の十一面観音像、大聖《だいしょう》歓喜天《かんきてん》像などが安置されているなどとあり、平安中期創建と伝えている。十一面観音像は平安中期の製作で、関東特有の荒々しい鉈彫りの像として高く評価され、重要文化財に指定されている。鉈彫りをした理由は諸説ある。この観音像は古くから信仰を集めており、同寺は坂東三十三所観音霊場の第十四番札所となっている。霊場の成立時期は諸説あるが、中世後期に徐々に形成され、近世に確立したと考えられる。大聖歓喜天像も現存するが、詳しくは後述する。『武蔵風土記稿』には元は本寺がなかったが、近世になり本寺がないのは禁止

十一面観音菩薩立像
弘明寺所蔵　写真提供：横浜市教育委員会

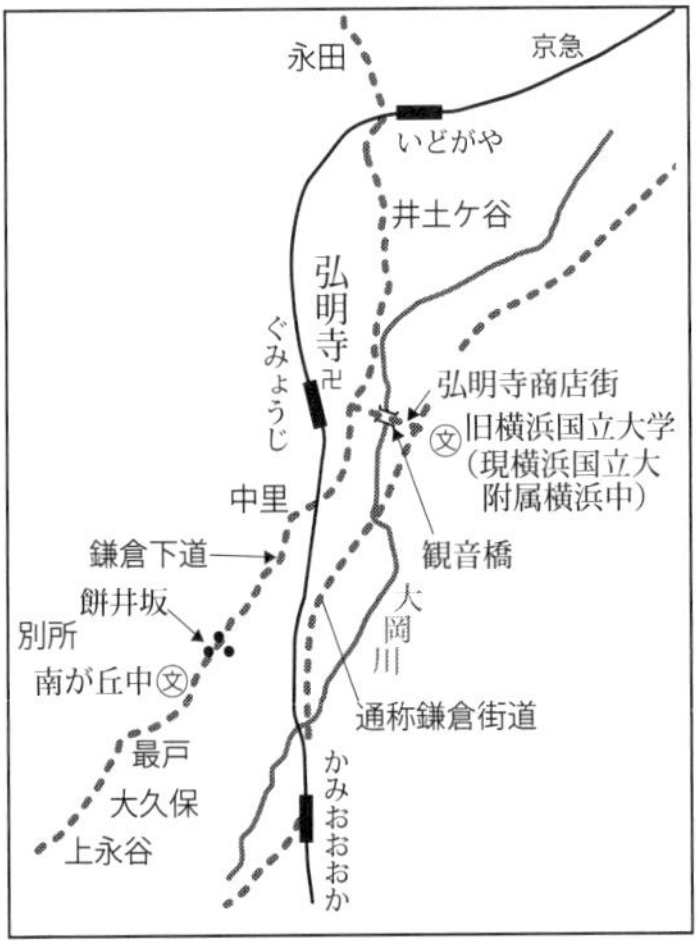

地図９　弘明寺周辺と鎌倉下道

されたため、宝生寺末（南区堀ノ内）になったとあり、近世以前は独立した寺院であった。

弘明寺が源氏の祈願所となった時期や契機は不明だが、頼朝以前の源氏の棟梁が源氏の繁栄や戦勝などの祈祷を依頼したことに始まると考えられる。既に弘明寺は真言密教寺院として繁栄していたのだろう。また、本尊が観音であることも関係しよう。観音信仰は現世利益を求めるもので、平安時代には既に盛んであり、祈願のために清水寺（京都市）や長谷寺（奈良県桜井市）に参籠することが流行していた。両寺はともに観音を本尊とし、西国三十三所観音霊場の札所である。代々の源氏は京にいることが多かったので、観音信仰を受容しており、それが弘明寺が祈願所になった要因とも考えられる。

また、寺の門前を鎌倉下道が通っていることが注目される。鎌倉下道の成立時期は不明だが、弘明寺は鎌倉から半日で行ける場所にあり、祈祷の依頼も容易であった。弘明寺があるから鎌倉下道が門前を通ったのか、古代から道が通っていたから弘明寺が建立されたのかは不明だが、この道の存在も弘明寺が祈願所となった要因の一つであろう。

頼朝の乳母の山内経俊の母

頼朝は鎌倉に戻った後、治承四年（一一八〇）十一月二十六日に山内経俊を斬罪に処すことを決めた。これを経俊の老母が聞き、頼朝のもとに参上して、泣きながら「山内資通は義家に仕え、為義の御乳母《めのと》で、代々源氏に忠節を尽くし、俊通は平治の乱で討死した。経俊は景親に与したが、平家への聞えを憚ったためである。石橋山合戦で敵対した者の多くは恩赦を被っている。経俊も先祖の功に免じて、許してほしい」と述べた。これを聞いた頼朝は石橋山合戦で鎧に刺さった矢を老母の前に置き、それに経俊の名があるのを見せた。これに老母は弁解できず、泣きながら退出した。だが、頼朝は老母の悲嘆と先祖の功を思って、経俊を助命した。

経俊の老母は頼朝の乳母であり、頼朝が経俊を許したのはそのためであった。乳母の役割は乳を飲ませるのみではなく、養育、成人後の後見、家の管理や取次など多様であった。乳母の夫は乳父《めのと》（乳母夫）と呼ばれ、夫婦でこれらの事に携わった。ただし、乳父は乳母の夫ではないこともある。

頼朝の乳母には経俊の母・摩々尼（土肥氏一族）・寒河尼《さんがわ》（小山政光の妻）・比企尼《ひきのあま》・三善康信（善信）の母の姉の少なくとも五人がいた。経俊の母は山内資通が為義の乳母であったと述べている。群書類従所収の「山内首藤系図」では資通の姉妹が義家の乳人で、為義が十歳の時から従い、為義の乳母であったとする。一方、山内首藤氏に伝わった系図では資通の姉妹を義家の妻としている（山内首藤家文書）。これらの記述は違いがあるが、経俊の母が述べたのが資通の姉妹が為義の乳母であったということならば、群書類従所収の「山内首藤系図」と同じになる。こうした記述によれば、義家の頃から山内氏の女性が乳母や妻になっていたことになる。

『保元物語』には「下野守殿ノ御乳母子、鎌田次郎正清也」とあり、正清の母は源義朝の乳母であった。鎌田氏は山内氏の一族である。「山内首藤系図」では正清の父は鎌田通清で、北条時政の烏帽子親とする。通清の兄弟通義の子が山内俊通、その子が俊綱・経俊である（系図1とは一部系譜異なる）。このように山内氏関係の女性は源氏の嫡子の妻や乳母となっていた。以下でも見るように、こうした関係は代々受け継がれ、特定の家が乳母や妻を輩出していた。

比企尼と源氏

もう一人の頼朝の乳母比企尼は幕府成立期の陰の主役とも言える人物である。比企尼が『吾妻鏡』に最初に見えるのは寿永元年（一一八二）八月十二日条である。この日の酉刻に北条政子が男子（後の頼家）を出産した。戌刻に比企尼の娘である河越重頼の妻が召しにより参上して乳付をした。重頼は秩父平氏の惣領的存在であり、そうした人物に比企尼の娘が嫁し、頼家の乳母となったのである。勿論、これは比企尼が頼朝に推薦したからであろう。

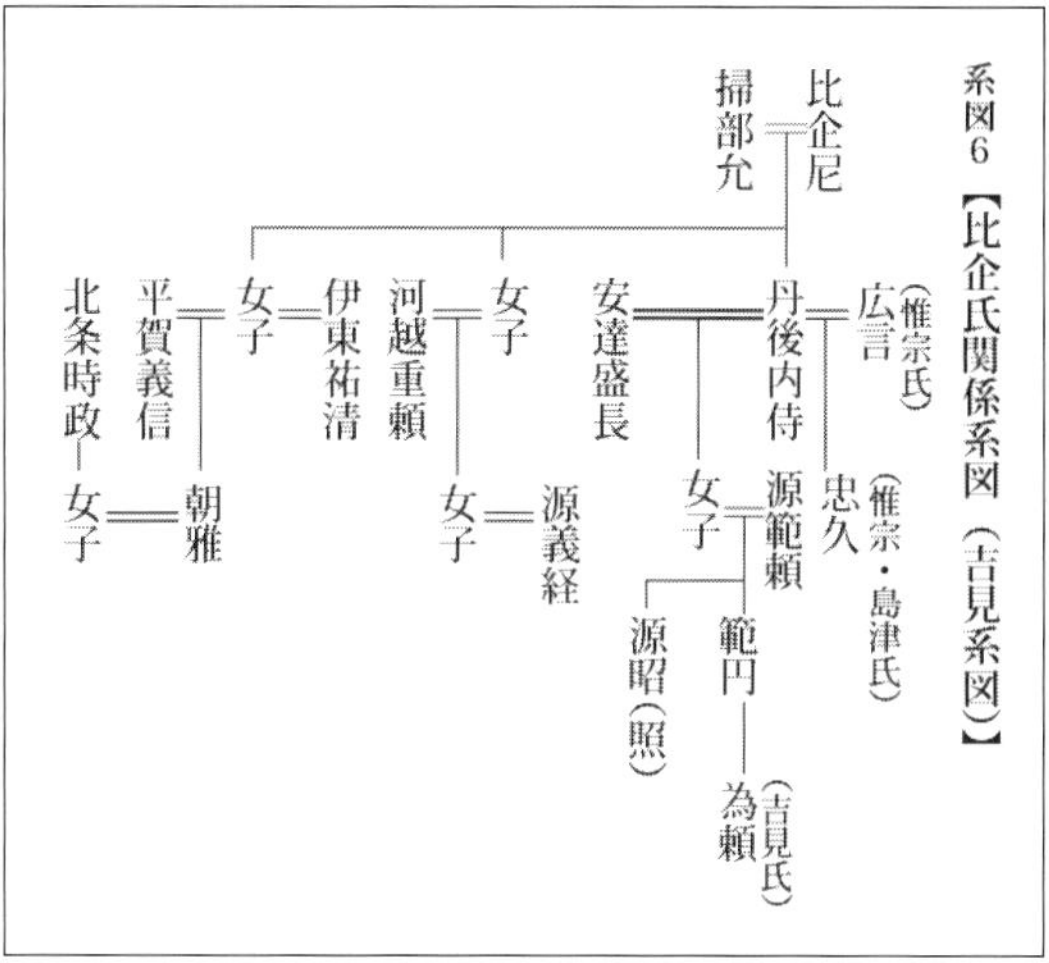

系図6【比企氏関係系図（吉見系図）】

その後、十月十七日に政子と頼家が御所に入った。佐々木定綱・経高・盛綱・高綱兄弟が頼家の御輿を担ぎ、小山（長沼）宗政が御調度を掛け、小山朝光が剣を持った。そして、比企能員が乳母夫となり、贈り物を捧げた。能員が乳母夫となったのは比企尼が甥の能員を猶子とし、頼朝に推薦したからであった。頼朝は永暦元年（一一六〇）に伊豆に流罪となった時に比企尼は忠節を存じ、武蔵国比企郡（埼玉県東松山市など）を請所として、夫の掃部允《かもんのじょう》と共に関東に下り、治承四年（一一八〇）まで二十年余り、頼朝の世話をしたという。

つまり、比企尼は頼朝が伊豆にいた時から常に側に仕えていた。比企尼と呼ばれたのは比企郡を請所としたからである。請所とは地頭などが荘園領主に年貢納入を請負い、その代わりに荘園支配を認められることを言う。この場合は比企郡の郡司として、国衙領の年貢を請け負ったという意味であろうか。これには武蔵国司の承認が必要だが、当時の武蔵国司は平知盛なので、比企尼夫婦は平家と関係があったと考えられる。

小山宗政と朝光は兄弟で、母は頼朝の乳母寒河尼、父は政光であった。この人選も母が頼朝の乳母であったことによるのだろう。河越重頼の妻と比企能員は従兄弟であり、乳母と乳母夫は夫婦ではないが、そうしたケースは公家社会にも見られる。比企尼が頼朝、娘が頼家の乳母であり、女系で乳母が受け継がれていた。これは山内氏と同じであり、一般的な慣習であったことが窺える。

比企尼の娘の婚姻先

「吉見系図」（群書類従所収）によれば、比企尼の女系の人脈は頼朝や河越重頼以外にも張り巡らされていた。吉見氏は頼朝の弟範頼の子孫が武蔵国吉見（埼玉県吉見町）を本拠としたことにより、名乗った名字である。後に石見国に移り、戦国時代には津和野（島根県津和野町）を本拠とする有力な国衆《くにしゅう》となったが、毛利氏に従属し、近世には長州藩士となった。この系図の最後は豊臣秀吉の時期の人なので、その頃に作成されたものであろう。

系図の最初には比企尼とその娘に関する記述がある。比企尼の長女は惟宗広言《これむねのひろこと》との間で忠久を設けた。忠久は島津氏の祖で、幕府成立後に薩摩・大隅・日向の守護となった。その後、関東に下って安達盛長の室となり、娘は源範頼に嫁し、子孫が吉見氏となった。二女は先述したように河越重頼に嫁し、娘は源義経の正室となった。

三女は伊東祐清に嫁したが、祐清が篠原合戦で討死した後、平賀義信に嫁した。義信は信濃の平賀(長野県佐久市)を本拠とした源氏の有力な一族である。義信の妻は建久三年(一一九二)四月二日に北条政子が妊娠中に着帯《ちやくたい》の帯を持参している。着帯とは妊娠五か月目に妊婦が腹帯《ふくたい》(岩田帯)を初めて着用する儀式である。これは出産に関わるという点で乳母同然の任務であり、母の比企尼から受け継いだものと言える。政子は八月九日に実朝を産んだが、乳付をしたのは政子の妹で、阿野全成（頼朝の弟）の妻阿波局であり、実朝の乳母は北条氏に取られてしまったのである。

また、系図には記述はないが、比企能員の娘は源頼家の正室となった。このように比企尼の娘は有力武士に嫁ぎ、孫娘は範頼・義経の室となっている。比企尼はこうした女系の関係を通じて頼朝を支えることを図ったと思われる。一方、実朝の乳母は政子の妹がなっており、北条氏との勢力争いが窺える。それが後述するように、比企の乱という破局を招くことになる。この点はともあれ、比企氏は山内氏のように以前から源氏と関係があったわけではなく、頼朝の時に初めて乳母になった新興の家だが、この頃には絶大な影響力を持っていたのである。

源義仲の追討

頼朝挙兵の翌月に源義仲が信濃で挙兵し、寿永二年（一一八三）七月に義仲と源義広・行家（ともに義朝の弟）は京に入った。こうした状況下で朝廷は十月に宣旨《せんじ》を出し、東海道・東山道の国衙領・荘園を回復させ、それを妨げる者の処置を頼朝が行なうことを認めた。これが寿永二年十月宣旨で、頼朝が東国の支配権を確立する端緒となった。

一方、翌十一月二十一日に後白河院の使者が伊勢にいる源義経のもとに到着し、義仲の乱逆を知らせ、頼朝の命を待って上洛するように命じた（玉葉）。これは既に義経が伊勢にいたことを示している。伊勢は東海道に属すので、寿永二年十月宣旨を受けて、頼朝は義経を派遣して、平家の根拠地である伊勢を占領させていたのであろう。

翌寿永三年正月十六日には範頼軍の一部が勢多（滋賀県大津市瀬田）に到着した。二十日には義経は宇治田原（京都府宇治田原町）から宇治（京都府宇治市）に攻め込み、義仲軍の大将軍源義広を破り、京に入った。宇治田原には伊勢・伊賀からの道が通じているので、義経は伊勢から進軍してきたのであろう。結局、義仲は粟津（大津市）で討ち取られた。源行家は以前から義仲と対立しており、義経とともに入京した。一方、源義広は逃亡した。

平家追討と山内経俊の復活

同年正月二十六日に平家追討の宣旨が出された。翌二月五日に播磨・摂津の国境付近に進出してきた平家追討のため、範頼が大手大将軍、義経が搦手大将軍となった。範頼軍には畠山重忠・稲毛重成・榛谷重朝・小山田行重という秩父平氏が加わっていた。その後、義経は摂津・播磨国境の西の三草山《みくさやま》（兵庫県加東市）で平家と合戦し、勝利した（平家物語）。そして、七日には義経が北から一ノ谷（神戸市）、範頼が東から福原（神戸市）を攻めて勝利し、平家は讃岐国屋島（香川県高松市）に逃れた。

三か月後の五月十五日に伊勢から使者が到着し、四日に波多野三郎・大井実春・山内経俊、大内惟義の家人が伊勢国羽取山で、源義広を討ち取ったことを告げた。これ以前の正月二十九日には義仲与党の追捕を命じる宣旨が出されていた（玉葉）。これに基づき、義仲与党である義広の捜索が行なわれ、伊勢で発見されたのである。

義広を討った者の中に山内経俊の名がある。先述したように、経俊は頼朝の乳母である経俊の母の嘆願により助命されていた。『源平盛衰記』には土肥実平が頼朝に助命を訴えると、頼朝もそれを認めたので、経俊を出家させ追放したとある。出家や追放は創作であろうが、実平が頼朝に赦免を嘆願したのは事実と考えられる。

伊勢は平氏の根拠地であり、平家方の武士が蜂起し、義経の背後をつく恐れがあるので、抑えの武士として経俊らを残したと思われる。おそらく、義経が前年閏十月頃に鎌倉を出陣した時に経俊は義経に付けられたと推測される。経俊が許された時期は不明だが、当然それ以前となる。いずれにせよ、経俊は復活を遂げたのである。同年七月には今度は伊賀で平家の家人の反乱があり、頼朝は大内惟義・加藤景員・山内経俊に追討を命じた。大内惟義は伊賀にいたと見られ、隣国の伊勢にいた経俊に加勢が命じられたのである。

翌元暦二年二月に義経は屋島を急襲し、平家を追い落とし、三月二十四日に壇ノ浦合戦で平家を滅した。四月十一日に義経からの飛脚が鎌倉に到着し、平家滅亡が伝えられた。翌日、頼朝は会議を行い、範頼は九州に残り、平家没官領を処置し、義経は平宗盛などを連れて上洛することを決めた。その後、十五日に頼朝は自分に断らず勝手に任官した多数の武士を糾弾し、墨俣より東への下向を禁止し、京で公役を務めることを命じた。『吾妻鏡』には任官者の名簿が記され、各人に頼朝による辛辣なコメントが付けられている。その中に市域の武士として、山内経俊・平子《たいらこ(たいらく)》有長・師岡重経の名が見える。経俊は刑部丞に任官したが、「官職に対する好みは無用なことであり、哀れで無益な事である」と頼朝は述べている。師岡重経に関しては先述した。平子有長にはコメントはない。平子氏に関しては後述する。

守護・地頭の設置と伊勢における山内経俊

元暦二年(一一八五)五月に義経は平宗盛父子を連れて鎌倉に下ったが、鎌倉入りを許されず、再び京に戻った。義経と行家は頼朝との対決を決意し、十月十八日に後白河法皇から頼朝追討の宣旨を得た。同月二十三日に山内経俊の使者が伊勢国から鎌倉に来て、義経が宣旨を得たと称して、近国の兵を集め、十九日に守護所を囲んだので、きっと逃れられないと述べた。これを聞いた頼朝はこれは事実ではなく、経俊は人に討たれるような者ではないと述べた。この『吾妻鏡』の記述には経俊は伊勢守護とあるが、まだ守護制度は成立していない。また、義経が宣旨を受けたのが十八日なのに、翌日に伊勢で経俊を攻撃したことになり、不自然である。よって、この記述には潤色があると考えられる。とは言え、経俊は伊勢で守護同様の役割（当時は惣追捕使《そうついぶし》）を果たしていたと考えられる。

これより後の『吾妻鏡』元久元年（一二〇四）三月九日条には平賀朝雅から飛脚が来て、伊勢と伊賀で平家の関係者が反乱を起こし、両国守護人の山内経俊が合戦で敗北し、逃亡したことを伝えたとあり、これ以前から経俊が伊勢・伊賀守護であったことがわかる。その後、朝雅が反乱を鎮圧し、経俊は逃亡の責任を問われて守護を罷免され、代わって朝雅が両国守護となった。伊賀守護は最初は大内惟義であったが、その後は経俊に代わっていた。経俊は義経に従って伊勢に行き、そのまま伊勢に滞在して、守護的な役割を果たし、その後正式に守護に補任されたのであろう。

伊勢神宮に遣わした勅使の通行・宿泊に対する接待を行なわない地頭の名前を伊勢国の在庁が書き上げた文治三年（一一八七）三月三十日付の名簿がある。これには曽祢《そね》庄（三重県松阪市）・黒田庄・英多《あがた》庄（三重県亀山市）などの地頭として経俊の名がある。また、貞応元年（一二二二）八月に鎌倉幕府は関東下知状を下し、伊勢国大橋御厨における山内藤二景道の濫妨押領を禁じている。これには以前から「故首藤六道時入道」が同様の事を行い、一旦は禁止させたが、子の景道が同じことを繰り返しているとある（醍醐寺文書）。道時は経俊の弟の通時のことである。

このように経俊は伊勢守護となり、国内各所に地頭職を所持していた。また、経俊の弟通時の系統がその後も伊勢に地頭職を所持していた。伊勢・伊賀守護としての経俊の活動を具体的に示す史料はないが、平家の根拠地である両国は常に反乱の危険があり、頼朝は武勇にすぐれた経俊を任命し、反乱に備えさせていたのであろう。

奥州合戦に参加した市域の武士

頼朝追討の院宣を得た源義経・行家は文治元年（一一八五）十一月六日に大物《だいもつ》（兵庫県尼崎市）から船で西国に下向を図ったが、大風で船が沈没したため逃亡した。この義経の反逆を受けて、頼朝は同月十二日に河越重頼の所領を没収し、その後殺害した。先述したように重頼の妻は比企尼の二女で、娘は義経に嫁いでいたので、縁座により処刑されたのである。

義経は奥州藤原氏のもとに逃れたが、藤原泰衡は頼朝の圧力に屈し、文治五年閏四月に義経を殺害した。だが、頼朝は七月十九日に多数の御家人を引き連れ、奥州に出陣した（奥州合戦）。出陣した市域の御家人には中山重政・中山為重・小山田（榛谷）重朝・山内経俊・師岡重経がいる。

頼朝は奥州道を進み、八月七日に陸奥国伊達郡阿津賀志《あつかし》山の南の国見駅（福島県国見町）に到着した。泰衡は防衛のため、この付近に急遽五丈の堀を造成していた（国史跡阿津賀志山防塁、一部現存）。頼朝は翌暁に攻撃を命じたので、畠山重忠は連れてきた八十人の人夫に用意しておいた鋤と鍬で堀を埋めさせた。『吾妻鏡』は重忠の行為を思慮が神に通じると賞賛している。これは軍勢には武士以外に多くの人夫が鋤や鍬を所持して随っていたことを示している。

阿津賀志山の防塁

激戦の末、十日に阿津賀志山を突破し、十三日には多賀国府（宮城県多賀城《たがじょう》市）に着き、二十二日に平泉（岩手県平泉町）に入った。頼朝は平泉を見物し、様々な処置をした後に帰路につき、十月一日に再度多賀国府に入り、奥州の郡郷荘園の支配を地頭に命じた。『吾妻鏡』同日条には榛谷重朝が出陣中は毎日頼朝の馬を洗っていたとあり、重朝が常に頼朝の側に控えていたことがわかる。頼朝は二十四日に鎌倉に戻った。

曽我兄弟の仇討ちと五郎丸

建久年間には守護制度が確立し、鎌倉幕府も軌道に乗った。その時期における事件として、曽我兄弟の仇討ちが有名である。これは建久四年（一一九三）五月に頼朝が行なっていた富士の裾野の狩場で、曽我十郎祐成と五郎時致が父の仇である工藤祐経を討った事件である（系図4参照）。『吾妻鏡』建久四年五月二十八日条には次のような記述がある。

曽我兄弟は工藤祐経を討ったと高声（大声）を挙げたため、大騒ぎとなった。雷雨の上に暗闇で、武士たちは右往左往し、平子右馬允（有長）・愛甲三郎・吉香《きつかわ》小次郎などが討ち取られた。結局、祐成は新田忠常に討ち取られた。五郎時致は頼朝の所にまっしぐらに向かってきたので、頼朝は剣を取って、立ち向かおうとしたが、大友能直《よしなお》が押し留めた。その間に小舎人童《こどねりわらわ》の五郎丸が五郎を捕え、五郎は大見小平次に預けられた。

『曽我物語』の真名本と仮名本では細部は異なるが、五郎丸に関する記述がある。五郎丸は女装して五郎を待ち構えて抱きついたが、五郎はものともせず引きずっていったので、五郎丸は人を呼び、多くの者が五郎にとりついたので、多勢に無勢で搦めとられたとある。真名本では五郎丸は高名の大力とあるが、仮名本では七十五人力とあり、誇張が加わっている。『曽我物語』の方が『吾妻鏡』より詳しいが、『吾妻鏡』が『曽我物語』の原型を記述した可能性もあり、五郎丸が実在したかは検討の余地がある。この点はともあれ、五郎丸と曽我五郎は共に五郎を名乗っていることが注目される。先述したように、『曽我物語』には曽我兄弟の父祐重（祐泰）が俣野五郎（景久）と相撲を取った話があり、同じく名乗りは五郎である。俣野氏の祖先鎌倉権五郎景政も五郎の名乗りを持つ。また、後述するように和田義盛の子朝比奈義秀が曽我五郎と力比べをした話もある。このように、『曽我物語』には河津祐重・五郎時致父子と別の人物が力比べをする話がいくつかあり、さらに五郎という名前を持つ者が複数出てくる。つまり、大力や相撲と五郎の関連が窺えるのである。

小舎人童としての五郎と大力

柳田国男は「目一つ五郎考」などの論考で、景政や御霊信仰、神社の境内の池にいる片目の鯉などの伝承について述べている。詳細はこの論考を参照していただきたいが、曽我兄弟との関連では五郎と御霊は音が似ているので、混交されたという指摘がある。なお、五郎といっても五男とは限らず、曽我兄弟も長男が十郎、次男が五郎である。

また、五郎丸が小舎人童であった点も注目される。小舎人童は①平安時代に近衛中将・少将が召し使った少年、②公家・武家に仕えて雑用をつとめた少年という意味である。頼朝は建久元年（一一九〇）十一月に右近衛大将になっている。つまり、小舎人童は本来は近衛中将・少将配下の童であり、頼朝はそれを踏まえて、五郎丸を小舎人童として側に置いていたのであろう。

中世には力者《りきしや》と呼ばれる従者がいた。力者とは平安末期以後、髪をそった姿をし、院・寺院・公家・武家などに仕えて力仕事に携わった従者である。小舎人童と力者は似たような存在だが、小舎人童は少年姿、力者は出家姿であり、普通の成人男性ではない点が共通している。中世の少年は髪を後ろに結んだ姿をしているのが一般的である。また、公家の牛車を曳く牛を管理する牛飼童は少年ではなく大人だが、髪形は童形で、名前も○○丸であった。

五郎丸も大力を買われて、頼朝の小舎人童になったのであろう。『曽我物語』には五郎丸は十六歳の時に師匠の敵を討ち、京にいられなくなったため、東国に下って一条忠頼（武田信義の子）に仕えたが、忠頼が討たれた後に頼朝に仕えたとある。『吾妻鏡』によれば、一条忠頼が頼朝の命によって暗殺されたのは寿永三年（一一八四）六月十六日であり、仇討ちが起きた建久四年の十年前である。この点からすれば五郎丸は二十六歳以上であり、成人しても童と扱われていたことになる。

成人者でも童とされた者は身分的に特別な存在で、被差別的な者とも言えるが、大力の持主として畏怖されるという両義的存在であった。牛飼童も牛を統御する点で特別な存在である。牛自体が大力の動物であり、牛飼童も必然的に大力が必要とされた。また、鎌倉権五郎景政も御霊として畏怖される存在であり、こうした点からも大力と五郎が結びついたと考えられる。つまり、大力の持主が五郎を名乗る慣習があり、『曽我物語』に五郎丸・曽我五郎時致・俣野五郎景久などによる大力比べの話が組み込まれのだろう。

五郎丸の墓

御所五郎丸の墓と伝えられている墓が西区御所山町二五番地にある。墓は五輪塔で、地輪と水輪に梵字《ぼんじ》が刻まれており、鎌倉後期のものと推定されている。墓周辺一帯は台地上で、直下には京浜急行が走っている。少し北に行くと急な崖面があり、崖下は低地（西区戸部本町など）である。この墓は天神山（群馬県みどり市西鹿田《さいしかだ》）で産出する白色の凝灰岩製である。同地産出の石で製作された五輪塔などの石塔は十三世紀後半以降に東上野を中心に周辺の下野・武蔵で造立された。ところが、全く離れた市域内にも同地産出の凝灰岩製の五輪塔が他に四基あり、磯子区杉田の臨済宗寺院東漸寺に三基ある。また、『図説　都筑の歴史』によれば、佐江戸（都筑区）の無量寺にある五輪塔も同地産出のものである。

国井洋子氏は東漸寺にある理由として上野国世良田《せらだ》（群馬県太田市）の長楽寺にも天神山産

の凝灰岩で作られた石塔があり、東漸寺の住職宏覚禅師（桃渓徳悟）と長楽寺三代院豪が無学祖元を通じて親交があったことを想定している。この指摘を補足すると以下のようになる。

東漸寺にあった鐘には住山了欽が記した永仁六年（一二九八）の鐘銘があり、前住職の宗鑑が禅刹を建立したとある。鐘銘には鋳物師《いもじ》である「大工大和権守物部国光」の名もある。同人は後述するように、称名寺の鐘なども鋳造している。これにより、同年以前に東漸寺が建立されていたことがわかる。また、同寺にある正安三年（一三〇一）の棟札には「従五位上行前備前守平朝臣宗長」、「住山伝法沙門　徳悟」とある（『横浜市史稿仏寺編』）。宗長は北条（名越）朝時の子時長の孫である（前田本平氏系図）。徳悟は宏覚禅師のことである。

後述するように、正応六年（一二九三）に南関東で大地震があったので、東漸寺の仏殿も倒壊し、正安三年に再建が行なわれたと考えられる。宗長は檀那として多額の再建費用を出したと思われるが、宗長が杉田を所領としていたからであろう。元亨三年（一三二三）に円覚寺で北条貞時十三回忌が行なわれ、円覚寺から三五〇人、建長寺から三八八人など計三十八の寺の僧が参列したが、東漸寺からは三十九人で、数としては十一番目であり（円覚寺文書）、かなりの規模の寺であったことが窺える。

宏覚禅師は蘭渓道隆（大覚禅師）の弟子となり、その後は円覚寺四世を経て、東漸寺に無学祖元らを招待し、詩会を開いた。また、その弟子象外禅鑑も東漸寺に住んだ。長楽寺二十二世桂峰文昌は宏覚禅師の弟子で，象外禅鑑の相弟子にあたる。こうした縁から世良田を通して，東漸寺に石が供給された可能性がある。

では、五郎丸の墓も天神山産の凝灰岩であるのはなぜだろうか。同地は近世には戸部村であった。『北条氏所領役帳』には富部臨江寺分が北条氏照（氏政の弟）、富部大鏡寺分が上原出羽守の所領とある。当時は臨江寺と大鏡寺は廃寺または廃寺に近い状態になっていたため、その寺領が氏照と上原氏の所領とされたと考えられる。『武蔵風土記稿』では大鏡寺があった場所は不明とし、村でも伝承が残っていなかったようである。

臨江寺については村内に建長寺末の林光寺という同音の寺があり、臨江寺との関係を示唆している。林光寺の開基は八木正重で、家康が関東に入った時に家臣となり、金沢（金沢区）の代官を命じられたので、天正十八年（一五九〇）以後の建立であり、臨江寺とは別の寺としている。こうした点から臨江寺は戦国時代には廃寺になっていたが、八木氏により再興され、同音の林光寺に改名されたと考えられる。なお、林光寺は戸部村の枝村の野毛(西区)にあったが、明治二十三年（一八九〇）に西区元久保町に移転している。

このように戸部村には創建の時期などは不明だが、かなり大きな二つの寺があったので、五郎丸の墓はどちらかの寺の僧の墓と考えられる。臨江寺は入江に臨む寺という意味と思われ、墓のある場所にふさわしい寺名である。天神山は利根川水系にあるので、凝灰岩(あるいは石塔)

は利根川を下り、東京湾沿岸の戸部や杉田に運ばれたのであろう。この墓が五郎丸の墓とされたのはそこにあった寺が廃寺になった戦国時代以降と見られる。曽我物語は各地で多くの伝承を生み出したが、五郎丸も大力の持主として伝承化し、ぼつんと残された墓の主に結びつけられたと考えられる。

源範頼の修善寺への流罪

曽我兄弟の仇討ちは単なる仇討ちではなく、政治的背景があるという説がある。仇討ち後には様々な事件が起きているが、源範頼の殺害もその一つである。仇討ちの二か月後の八月二日に範頼が起請文を書いて、頼朝に献じた。これは反逆を企てていると頼朝が聞いたので、その件を範頼に尋ねたためであった。十日には頼朝が何者かが寝所の下に潜んでいる気配を察し、宇佐美祐茂らに命じて範頼の家人当麻《たいま》太郎を捕えさせた。そして、十七日に範頼は狩野宗茂と宇佐美祐茂により伊豆国に送られた。また、二十日に範頼の縁座として曽我祐成の兄弟の原小次郎が殺されており、範頼の処分と仇討ちが関連していることを示している。『吾妻鏡』にはその後の範頼に関して何の記述もなく、生死さえも不明である。

一方、『鎌倉年代記裏書』には「八月に範頼が殺された。寺田太郎や志賀摩五郎などをして、頼朝を討とうとしたからである」とある。また、『保暦間記《ほうりやくかんき》』には八月に範頼が殺された。その理由は曽我兄弟の仇討ちの時、狩場で頼朝が討たれたという知らせが鎌倉に入り、北条政子がうろたえたところ、鎌倉の留守をしていた範頼が自分がいれば、騒ぐ事はないと慰めたのを将軍の地位を狙っているのかと頼朝が勘繰って、殺害したということであり、不便な事だとある。この二つの史料では範頼が頼朝の地位を狙ったので、殺されたとしているが、真相は不明である。

「吉見系図」によれば比企尼の長女（丹後内侍《ないし》）は安達盛長の室となり。その娘は源範頼に嫁していた。また、範頼と嫡子が殺された時、比企尼と丹後内侍が嘆願して、次男と三男は助命され、出家したとある。『尊卑分脈』には範頼の子に範円と源昭がいて、範円には「母藤九郎盛長女」の注記があり、子孫は吉見氏を名乗っている(系図6参照)。実際、吉見氏の名前は『吾妻鏡』などの史料に見え、範頼の子は助命されている。

太寧寺の源範頼の墓

金沢区片吹にある太寧寺《たいねいじ》（大寧寺）には源範頼の墓がある。『武蔵風土記稿』では大寧寺は小名瀬ケ崎にあり、臨済宗建長寺末、開基を範頼とし、範頼は修善寺で討死と称し、秘かに浦《うらの》郷《ごう》村（横須賀市）に蟄居していたが、このままではいられないとして、大寧寺で自殺したという寺伝を載せる。また、寺宝として範頼の画像・和歌の掛軸・長刀があるとする。一方、「吉見系図」では伊豆流罪と称して、武蔵金沢《かねさわ》で範頼父子と郎従四人の計六人が殺され、墓が金沢にあるとする。「吉見系図」は近世初期頃の成立と見られるので、それ以前から金沢と範頼を結びつける伝承が存在したと考えられる。

この伝承が生まれた理由は不明だが、次のような背景があると推測される。太寧寺は元は瀬ケ崎にあったが、昭和十八年（一九四三）に横須賀海軍航空隊の追浜飛行場拡張のため、現在地に移転した。瀬ケ崎は平潟湾の南にあり、鎌倉時代には六浦港の中心的な場所であったようである（地図12参照）。

伝源範頼の墓　太寧寺

先述したように六浦庄は源義朝の所領であり、源氏と縁の深い土地であった。また、後述するように六浦は鎌倉の境界として、祈祷や処刑が行なわれた所である。つまり、六浦と源氏との関係、鎌倉の境界といった要因が範頼の伝承を生み、太寧寺の墓が範頼の墓とされたのだろう。

頼朝による証菩提寺の建立

頼朝は建久三年（一一九二）七月に征夷大将軍に補任された。同六年二月に再度上洛し、三月十二日に再建された東大寺大仏殿の落慶供養に多くの御家人を伴い参列した。東大寺は治承四年（一一八〇）十二月に平重衡が率いた軍勢により、大仏殿など大部分が焼失していたが、重源を中心に再建が行われ、文治元年（一一八五）八月には大仏開眼供養が行なわれていた。頼朝も全面的なバックアップをしており、この参列にはその結果を自分の目で確かめる意味もあった。

証菩提寺

六月二十五日に頼朝は京を立ち、二十八日には美濃国青墓《あおはか》（岐阜県大垣市）に到着した。そこに稲毛重成の妻の病状が深刻なことを知らせる使者が来た。重成は頼朝から与えられた駿馬を急いで走らせ、七月一日に武蔵に着いたが、四日に重成の妻は死去し、悲しんだ重成は出家した。この重成の妻の死が間接的ではあるが、頼朝の死を招くことになる。

建久八年に頼朝は石橋山合戦で討死した佐奈田義忠の菩提を弔うために証菩提寺を建立した（『吾妻鏡』建長二年四月十六日条）。『相模国風土記稿』には同寺は鎌倉郡上之村（栄区上郷）にあり、五峯山一心院と号し、古義真言宗で、手広《てびろ》村（鎌倉市）の青蓮寺末だが、古くは無本寺とある。上之村は中世には山内庄の本郷に属していた。同寺旧蔵の鐘銘には文治五年（一一八九）の創建で、同年八月に供養を行なったとある。同寺の創建に関して、塩沢寛樹氏は文治五年に岡崎義実が創建し、建久八年に頼朝が整備したと推測している。同寺の詳細に関しては後述する。

第三章　頼朝死後の御家人間の争い

畠山重忠の首塚

頼朝の死による頼家の将軍就任

建久十年（一一九九）正月十三日に頼朝は死去した。死の原因は『吾妻鏡』建暦二年（一二一二）二月二十八日条では稲毛重成が相模川の橋を建立し、前年十月に頼朝が結縁のため参列したが、落馬して病となったとある。一方、『鎌倉大日記』には十月二日に重成が亡妻の追福のため相模川橋を建立し、同月二十七日に供養を行い、頼朝が結縁のため参詣したが、路次で落馬し、病を受けて亡くなったとある。また、『保暦間記』には供養の帰りに源義広・源義経・源行家・安徳天皇などを頼朝が見て、鎌倉に入った後に病気になったとあり、怨霊が原因とする。頼朝の死に関しては、『吾妻鏡』が建久七年から九年まで欠如していることなど不審な点があるとして、様々な推測がなされているが、真相は不明である。

頼朝の死により、同年正月二十六日に子頼家が後を継いだ。だが、四月十二日に頼家が直々に訴訟を裁断することを停止し、北条時政・義時父子、中原（大江）広元、三善善信《ぜんしん》（康信）、中原親能、三浦義澄、八田知家、和田義盛、比企能員、安達盛長、足立遠元、梶原景時、二階堂行政の十三人が談合して訴訟を成敗することになった。実際には全員で談合したのではなく、頼家は最終的な裁断を行なっていたと考えられている。また、頼家は盛んに様々な政策を遂行しており、四月には東国で荒野の開発を命じている。この荒野開発はその後も継承され、建永二年（一二〇七）三月に実朝は武蔵の荒野開発を武蔵守の北条時房に命じている。これは武蔵国全体を対象としたものなので、鶴見川流域など市域内でも開発が推進されたと考えられる。

一方、頼家は妻の父比企能員の屋敷でしばしば遊興を行なっており、比企氏との関係の深さが窺える。同年十二月に梶原景時は多くの御家人の要望により追放され、翌正治二年正月に景時ら一族は上洛途中の駿河国清見《きよみ》関（静岡市興津）で討たれた。建仁三年（一二〇三）五月十九日に頼家は阿野全成を捕えさせ、翌日に北条政子に全成の妻阿波局（政子の妹）に対する尋問を要求したが、政子は応じなかった。その後、全成は常陸に流され、翌六月に下野で殺害された。この事件の背景に比企氏と北条氏の女系をめぐる対立が伏在していたとも考えられる。

比企氏の乱と頼家の死

その直後の八月二十七日に頼家が急病となり、跡目相続が急遽行なわれ、弟の千幡《せんまん》に関西三十八国の地頭職、子の一幡《いちまん》に関東二十八国の地頭職と惣守護職を譲ることになった。これを比企能員は不満に思い、千幡と外戚の北条氏を除こうと図り、九月二日に能員は頼家の正室である娘若狭局をして、病床の頼家に北条氏の追討を願った。頼家は承知したが、政子が盗み聞きしていて、時政に告げた。そして、時政は栄西《ようさい(えいさい)》による薬師供養を行なうと称して、能員を招いて暗殺した。比企一族は一幡の館（小御所）に立て籠もったが、追討されて屋敷に火をかけ、一幡は焼死し、比企一族は滅亡した。

系図7【北条氏系図（主に前田本平氏系図）】

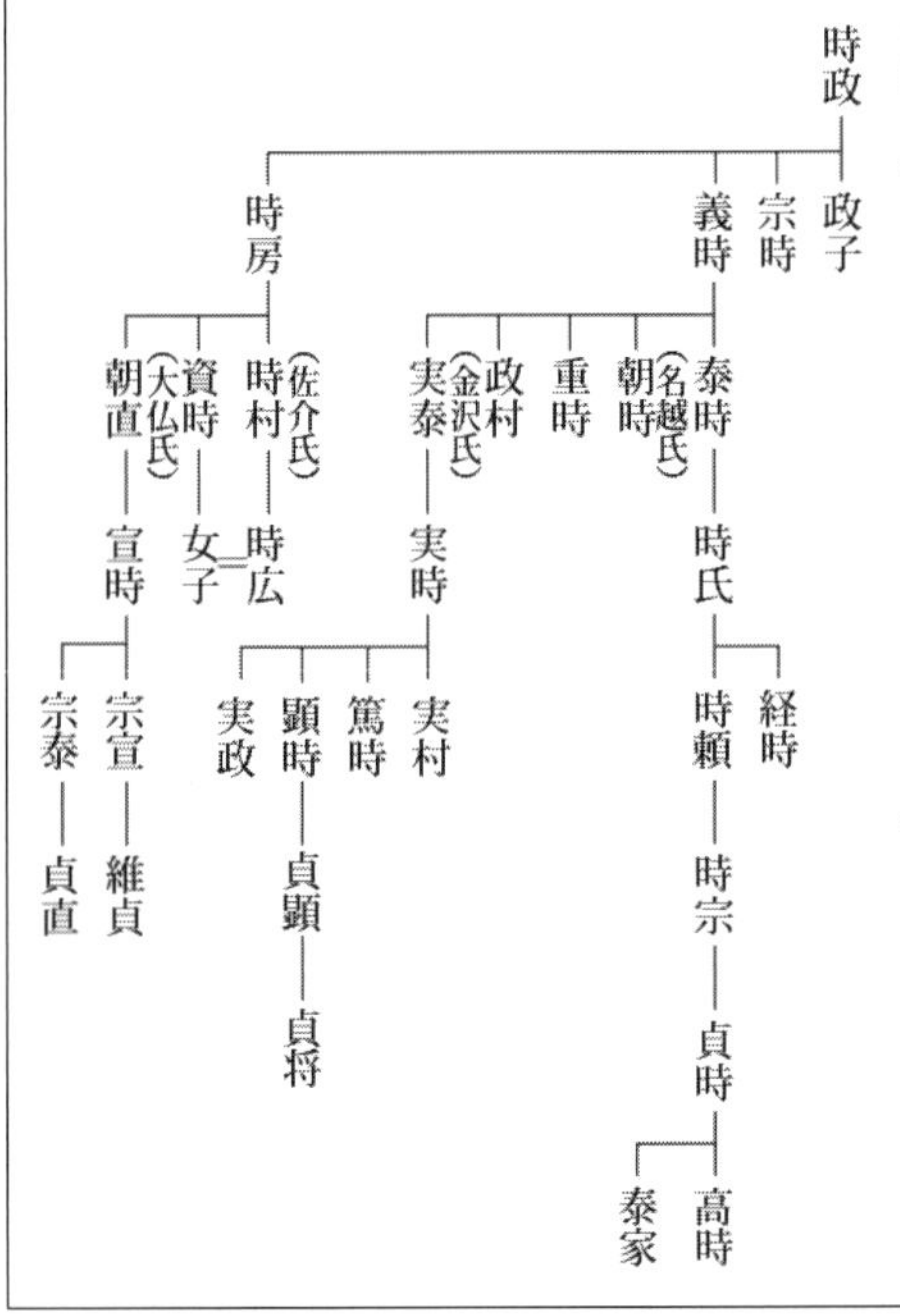

また、四日には島津忠久が能員の縁座により、薩摩・大隅・日向の守護職を没収された。忠久は比企尼の長女の子なので、連座の対象となったのである。七日に頼家は出家し、十日に千幡を将軍に立てることになったと『吾妻鏡』は記すが、実際には九月七日に幕府の使者が後鳥羽院に頼家が一日に死去したので、弟の千幡を征夷大将軍に補任するように奏上したので、宣下の文書が作成され、名前を実朝にすることになっており（猪隈関白記）、乱以前に千幡を将軍にすることは決定していた。

二十九日に頼家は修禅寺に下向し、翌元久元年七月十八日に殺された。また、十月三日に平賀朝雅が京都警固のため上洛した。この上洛は比企氏の乱の直後なので、その影響によると考えられる。朝雅は比企尼の娘と平賀義信の間の子だが、妻は政子の妹であり、比企・北条氏両方と関係が深く、微妙な立場にあったので、鎌倉から遠ざける目的があったのかもしれない。

比企尼は孫娘や能員の娘を義経・範頼・頼家に嫁がせていたが、すべて死亡し、孫の島津忠久は失脚した。このように比企尼が築き上げた女系による人脈は崩壊したのである。一方、北条時政の娘は足利義兼・畠山重忠・宇都宮頼綱・平賀朝雅・阿野全成・大岡時親に嫁いでおり、同じく女系を通じて源氏一族や有力御家人と関係を結んでいた。平賀朝雅の場合は比企尼・北条氏双方の女系に属していたことになる。こうした比企氏と北条氏による女系をめぐる対立が様々な事件を引き起こした要因の一つと考えられる。そして、最終的には頼家の廃嫡、実朝の擁立という結果をもたらしたのである。

畠山重忠と二俣川合戦

元久二年（一二〇五）四月十一日に鎌倉に近国の武士が集まる騒ぎが起きた。また、稲毛重成は日頃は武蔵国にいたが、時政に招かれ鎌倉に参上したので、人々はこれを怪しんだ。五月三日には騒ぎは静まったが、六月二十日に畠山重忠の子重保が稲毛重成の招きにより、武蔵国から鎌倉に来た。翌二十一日，時政の後妻牧の方が平賀朝雅の讒訴を受けて、重忠父子の殺害を計画し、時政は子義時と時房に謀ったが、両人は反対した。実は前年十一月に京の朝雅の屋敷で酒宴があった時に朝雅が重保と喧嘩になり、それを恨みに思った朝雅が讒訴を行なったのである。その後、牧の方の兄大岡時親が使者として、義時の屋敷に来て「重忠の謀叛が発覚しているのに反対するのは、継母の牧の方が言っているから讒言としているだろう」と言ったので、義時は仰せに従うと述べた。この点に関して『保暦間記』では牧の方が首謀者で、稲毛重成を語らって、事を起こしたとする。

翌二十二日に由比浜で謀叛人を討伐するという騒ぎがあり、重保が向かったところ、三浦義村によって重保は殺されてしまった。また、重忠が鎌倉に来るというので、途中で討伐することになり、関戸大将軍として北条時房など、大手将軍として義時・三浦義村などが二手に分かれて出陣し、義時らはその日の午剋《うまのこく》に二俣川（旭区）に着いた。

一方、重忠は十九日に菅屋（菅谷）館を出発した。従う者は二男重秀と郎従本田近常ら百三十四騎であり、「鶴峯之麓」（旭区鶴ケ峰）に陣を敷いた。本田近常らは討手の数が多いので、本拠に退却しようと言ったが、重忠は戦うことを決意した。そして、戦いが始まり互角の形勢が続いたが、申剋に愛甲季隆が射た矢が重忠に当り、首を取られた。また、重秀と郎従は自害した。

翌二十三日に三浦義村は鎌倉で榛谷重朝(稲毛重成の弟)と嫡男重季・次郎秀重などを討った。また、稲毛重成と子小沢重政も討たれた。『吾妻鏡』には合戦の原因は重成の謀曲であり、平賀朝雅は畠山重忠・重保父子が遺恨を持っているので、畠山一族が反逆すると牧の方に讒訴し、時政が重成と示し合わせ、稲毛は親族の好を変じ、鎌倉に兵起があるという手紙を重忠に送ったので、重忠が鎌倉に来たとする。重成の妻は北条時政の娘であり、その縁がこの事件の発端を作ったのである。

七月八日に政子の計らいにより、重忠らの所領は勲功の者に与えられた。同月二十日に政子は自分に仕える五・六人の女房に畠山氏一族の所領を与えた。閏七月十九日に牧の方が平賀朝雅を将軍にするという陰謀を企てているとして、政子は時政亭にいた実朝を義時の屋敷に招き入れた。その結果、時政は出家し、翌二十日に伊豆北条郡に下向し、義時が執権となった。同日に朝雅追討を命じる使者が京に遣わされ、同月二十六日に朝雅は山内経俊の六男持寿丸（後の通基）によって討たれた。さらに八月五日に牧の方の兄弟大岡時親が出家した。時親の妻は時政の娘である。

こうして畠山一族は滅亡し、畠山氏を除く陰謀を企てた牧の方・平賀朝雅・北条時政も殺害または失脚した。この一連の事件の真相は不明だが、結果として、畠山氏一族と時政の関係者双方が一掃されたのである。

榛谷御厨の地頭職の行方

八年後の建保元年（一二一三）九月十九日に日光山別当の弁覚からの使者が鎌倉に来て、日光山（栃木県日光市）の麓に居る畠山重忠の末子重慶が謀叛を企てていると訴えたので、実朝は長沼宗政に生捕を命じた。同月二十六日に宗政は重慶の首を持ち、鎌倉に戻ったが、実朝は生捕を命じたのに殺害したのは何事かと詰問した。これに宗政は反論し、その批判は実朝にも及び、当代は和歌や蹴鞠を業とし、女性を宗とし、勇士がなきが如しであり、没収地は勲功の武士に与えず、多くは青女《あおおんな》（若い女房）に与え、榛谷重朝の所領は五条局、中山重政の所領は下総局に与えたと批判した。これにより、榛谷御厨の地頭職は北条政子の女房五条局に与えられていたことがわかる。

建武二年（一三三五）七月に後醍醐天皇は西園寺公重《きんしげ》に榛谷御厨などの多くの荘園を安堵している（京都大学所蔵古文書纂）。これらの荘園は鎌倉後期に所有していたものが安堵されたと見られるので、榛谷御厨も同様と考えられる。榛谷御厨の荘園領主は伊勢神宮なので、公重は地頭職を所持していたと見られるが、いかなる経緯で西園寺氏の所有となったのだろうか。

公重は西園寺実衡の子、兄は公宗である。西園寺氏は鎌倉幕府から朝廷と幕府との交渉にあたる関東申次に実氏が指名され、以後も実氏の孫の実兼―公衡―実衡―公宗と代々西園寺氏が務めており、幕府と関係が深かった（系図11参照）。そのため、元は五条局が所持していた地頭職がその後に幕府から西園寺氏に与えられたと考えられる。一方、中山重政は畠山重慶が殺害された四か月前に起きた和田の乱で討死しているので、その後に所領が下総局に与えられたことになる。先述したように中山氏は中山を本拠とした秩父平氏の一族である。

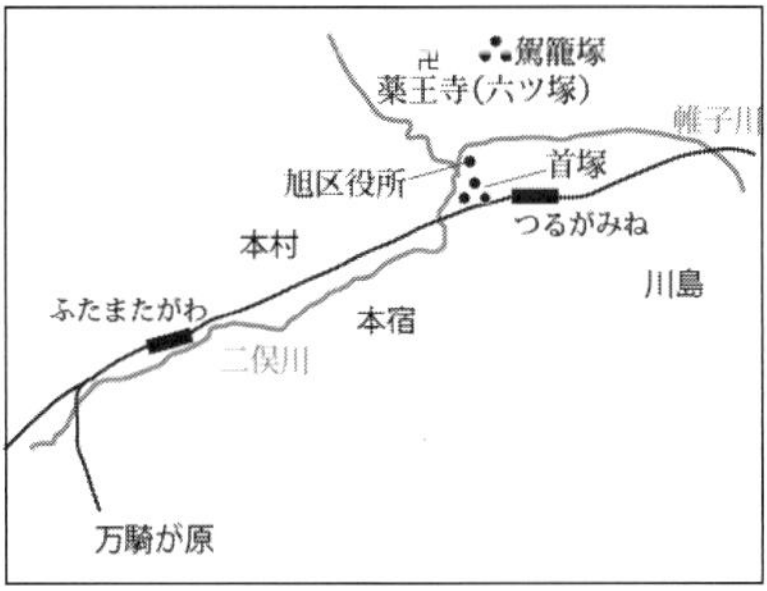

地図10　鶴ケ峰・二俣川と畠山重忠の史跡

鎌倉中道と畠山重忠の伝承

畠山重忠は悲劇的な死を遂げたので人気があり、全国各地に伝承が残っている。二俣川周辺にもいくつかの伝承が残る。『武蔵風土記稿』には今宿村（旭区）の小名に鶴ケ峰・鎧ケ淵があり、元は二俣川村に属していたが、後に今宿村に属したとある。また、鶴ケ峰に重忠の首塚と旧跡矢篦ケ淵《やのがふち》があり、後者は重忠がここに矢篦二筋を立てたが、その竹が自然に根付いて、年々二本ずつ生えたので、この名が生まれ、その竹は近年まであったが、今はないともある。

首塚は鶴ケ峰駅近くの旭区役所の裏にあり、石塔が立てられている。矢篦ケ淵もその近くにあり、竹（さかさ矢竹）は一九六〇年代まで存在したが、現在はなく、別の場所に復元されている。首塚の前の道が鎌倉中道と推定されている。重忠の本拠菅谷館付近を鎌倉上道が通っているので、その道を南下し、府中から鎌倉中道に入ったと思われる。

討伐軍は大手将軍と関戸大将軍の二手だが、関戸大将軍は関戸に向かう軍の大将という意味である。鎌倉上道は関戸の北で多摩川を渡り、府中に向かうので、この軍は上道に派遣された軍となる。一方、大手将軍は二俣川に着陣しているので、府中から中山を通る鎌倉中道を南下するのを想定した軍となる。つまり、重忠が鎌倉に来る時に通る鎌倉上道と中道の両方に軍を派遣したのである。中道の途中の二俣川・鶴ケ峰は従兄弟の榛谷重朝の所領榛谷御厨、中山は同じ秩父平氏一族の中山氏の所領なので、このルートを通る可能性が高いと予想したため、大手とされたのであろう。

鶴ケ峰から鎌倉中道を北に向かって坂を登ると、道から少し西に薬王寺（曹洞宗）がある。境内に六ツ塚と呼ばれる土饅頭が六つあり、重忠と一族・郎従を埋めた所と伝えられている。薬王寺は今宿村にあったが、昭和三年（一九二八）に六ツ塚があった現在地に移った。さらに坂を登ると駕籠塚がある。重忠の室菊の前が重忠の死を知り、北条に向かったが、この地で自殺し、駕籠ごと埋められたと伝えられている。

釜利谷に残る畠山重忠関係の伝承

釜利谷（金沢区）にも重忠関係の伝承が残る。中世の釜利谷郷は近世初期に宿《しゅく》・坂本・赤井村に分かれた。『武蔵風土記稿』では宿村の東光寺では寺宝の鞍を重忠のものと伝えるが、その頃のものとは見えないとする。また、寺伝では開基が重忠で、本尊は重忠の念持仏の薬師如来とし、境内の西の山で重忠が自害したとする。『武蔵風土記稿』には記載がないが、東光寺境内の墓は重忠の墓と伝えられている。

坂本村には畠山六郎重保の五輪塔があり、地元では重保がこの辺の山中で自害し、葬ったと伝えるが、実際には重保は由比ケ浜で討たれている。この墓は東光寺の南東の六郎ケ谷（金沢区釜利谷南）に現存し、地元の人により厚く祀られている。また、宿村の小名に六郎谷があり、重保の墓の近くなので、そう呼ぶとある。現在、東光寺の近くには六郎橋がある。また、坂本村は古く畠山重忠の領地と伝えるとする。

このように釜利谷には重忠・重保に関する伝承が多く残っている。この点について、重保が大力の持主として室町時代に伝承化していたことが注目される。室町時代の伏見（京都市）の村では盆の民俗行事として風流《ふりゅう》が行なわれていたことが『看聞日記』（後花園天皇の父貞成《さだふさ》親王の日記）に見える。風流とは華やかな衣装・仮装・出し物をして踊るものである。この日記の応永二十六年（一四一九）七月十五日条には畠山六郎による由比ケ浜合戦での「人礫ノ躰《ひとつぶて》」を作って踊る風流が行なわれたとある。人礫ノ躰とは重保が人をつぶてのように投げ飛ばした

系図8【三浦・和田・岡崎氏一族系図】

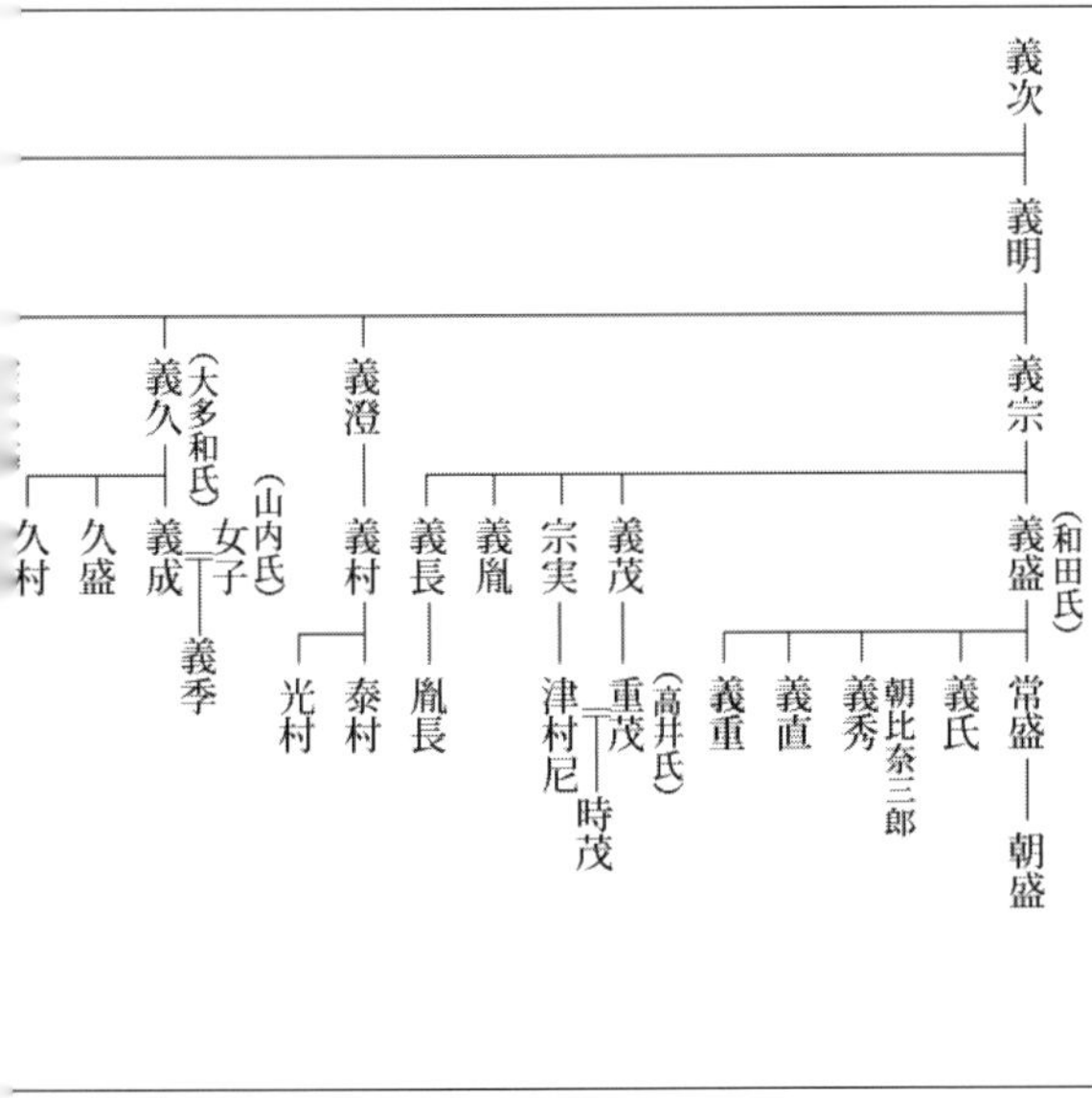

様子と思われ、重保が大力の持主として知られていたことがわかる。

こうした大力伝承もあいまって、釜利谷に重忠・重保の伝承が生じたと思われるが、なぜ釜利谷なのかは不明である。『武蔵風土記稿』は重忠の領地であったとするが、釜利谷は六浦庄内であり、同庄の地頭は後述するように和田義盛と推測されており、重忠の領地であったという史料的根拠はない。

和田合戦

建暦三年（一二一三）二月十五日に信濃国住人の泉親平（親衡）による陰謀が発覚した。これは頼家の子栄実《えいじつ》を大将軍として、鎌倉に迎え入れる計画

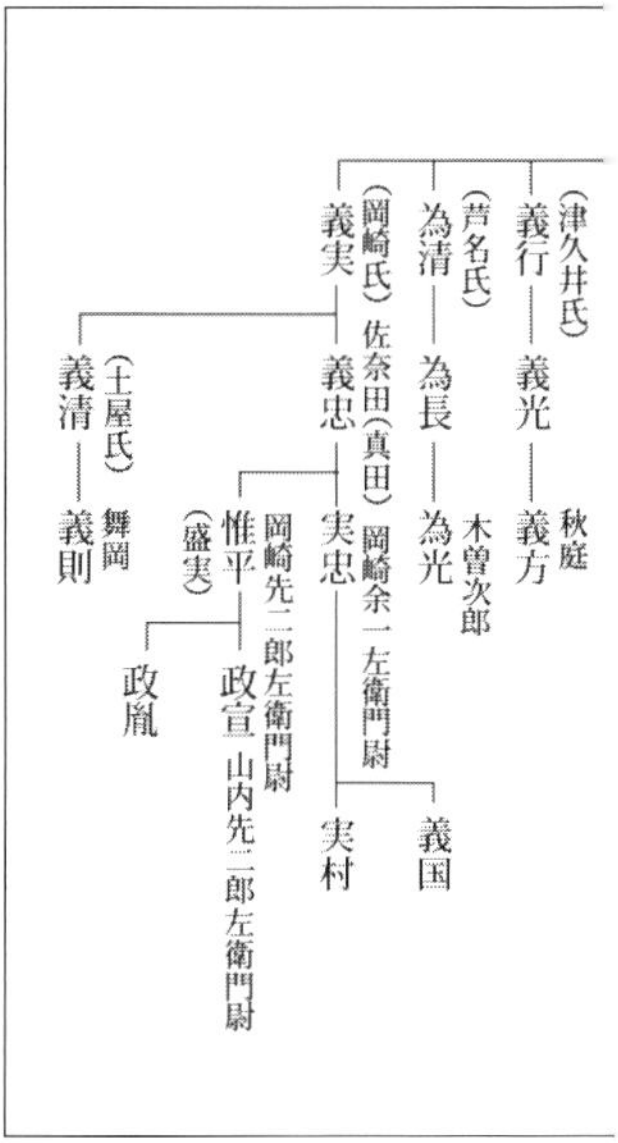

で、多くの与同者がいる大規模な企てで、和田義盛の子義直・義重、和田胤長などが捕えられた。三月二日には張本人の泉親平が鎌倉に潜んでいることがわかり、捕えようとしたが逃亡した。この泉親平に関する伝承が泉区和泉町にいくつか残っているが、親平は信濃の武士なので、地名と名字の一致から生まれた伝承であり、同地が親平の本拠であったわけではない。

八日に和田義盛が上総伊北《いほう》庄（千葉県いすみ市など）から鎌倉に来て、実朝と対面した結果、子義直・義重は許された。翌九日に義盛は一族を引き連れて御所に参上し、胤長の赦免を願ったが、胤長は張本人なので許されず、十七日に陸奥岩瀬郡（福島県須賀川市など）に配流された。これを不満とした義盛は五月二日に鎌倉で挙兵した。

義盛に加わった者には土屋義清、古郡《ふるごおり》保忠、渋谷高重、梶原氏一族、大庭景兼、大方《おおかた》政直など、市域に関係する者には朝夷名《あさいな》（朝比奈）義秀、中山四郎重政、中山太郎行重、土肥先次郎左衛門尉惟平、山内先次郎左衛門尉、岡崎実忠（佐奈田義忠の子）などがいる。彼らは親戚あるいは朋友として春から党を結び、群を成していたという。婚姻・血縁関係や同輩の関係により武士が集団を作るのは一般的であり、この場合も義盛を中心に多くの武士が結集した。

和田方は奮戦し、特に義盛の三男朝比奈義秀の活躍は目ざましく、『吾妻鏡』にはその様子が生き生きと描かれ、軍記物のような記述になっている。義秀は猛威をふるい、壮力をあらわし、神のようで敵する者は死を免れなかったとある。五十嵐小豊次・高井重茂などを討取り、北条朝時・足利義氏・武田信光という有力な武士と戦った。また、『尊卑分脈』には熱田大宮司朝季が義秀に討たれたとある。戦いは翌三日も続き、義盛は疲労していた。そこに武蔵七党の一つ横山党の総帥である横山時兼が援軍として鎌倉に到着した。だが、幕府方にも次々と軍勢が加わり、ついに和田方は敗れ、義盛や子義直などが討ち取られた。また、大将軍である和田常盛（義盛の嫡男）・山内先次郎左衛門尉・岡崎実忠・横山時兼・古郡保忠・和田朝盛（常盛の子）ら六人は逃亡したが、翌四日に和田常盛・横山時兼・古郡保忠は甲斐国で自殺した。

中山重政と行重

和田方であった中山重政は先述したように中山を本拠としていた。太郎行重は重政と並んで記載されているので、その子と見られる。行重は日光山別当法眼弁覚と戦ったが、逃げたと『吾妻鏡』は記している。和田合戦では和田方の武士が多く討死・自殺したが、重政と行重はどうなったのだろうか。

『吾妻鏡』建暦三年（一二一三）五月六日条には同月二・三日の和田合戦で討死した者の名前が列記されている。これは最初に和田氏一族、その後に横山人々・土屋人々・山内人々・渋谷人々・毛利人々・鎌倉人々とあり、有力な家の関係者ごとにグループ分けされている。渋谷人々には八人の名があり、その中に小山四郎・同太郎・同次郎がいる。小山とあるが、小山氏と渋谷氏は関係がないので、小山は中山の誤記で、小山四郎は中山四郎重政、小山太郎は中山太郎行重、次郎はその弟であろう。重政の兄が渋谷重国であり、両氏は同族なので、渋谷人々に中山氏が入っているのは自然である（系図3参照）。

山内先次郎左衛門尉の出自

五月七日に和田方の御家人の所領が没収され、幕府方の御家人に与えられた。北条義時には山内庄が与えられたが、以前は誰が地頭職を持っていたのだろうか。先述したように石橋山合戦後に山内経俊は土肥実平に預置かれ、山内庄を没収されたが、『吾妻鏡』には実平に山内庄が与えられたとは書かれていない。とは言え、身柄を預かった者が預置かれた者の所領を与えられることもあるので、経俊の後の山内庄の地頭職の所持者は明確ではない。この点を明らかにするには、山内を名字とする山内先次郎左衛門尉とその関係者に検討を加える必要がある。

逃亡した山内先次郎左衛門尉は翌八日に山内経俊の家に来たところを捕えられた。その時には出家しており、経俊と好があったから来たという。その後、同月十七日には山内先次郎左衛門尉政宣の所領大河戸《おおかわど》御厨内の八条郷（埼玉県草加市・八潮市）が没収され、葛西重清に与えられているので、同人の実名が政宣とわかる。一方、渋江氏の八条郷の地頭職は安堵されている。同御厨は頼朝が伊勢神宮に寄進しているので、関東御領であり、頼朝は預所（または下司職）と地頭職両方を補任していたので、政宣は預所職を所持していたことになる。

政宣は『吾妻鏡』建久五年（一一九四）八月八日条では岡崎先次郎政宣とあるが、和田合戦では山内の名字で記されている。これより前の『吾妻鏡』文治五年（一一八九）七月十九日条には岡崎先次郎惟平が見える。『系図纂要』には佐奈田義忠の子惟平に「岡崎先二郎左衛門尉」、惟平の子政宣に「山内先二郎左衛門尉」の注記があるので、惟平は政宣の父であり、共に先次郎を名乗っていた。

一方、『諸家系図纂』には義忠の子盛実に千二郎・左衛門尉の注記がある。名乗りの一致と父子関係から判断すると、惟平と盛実は同一人物とも考えられるが、同系図には盛実の子として政胤があるが、政宣の記載はなく、盛実の子が政宣とは断定できない。このように政宣の父の名は惟平と盛実の両方の可能性がある。実の字は岡崎義実、その孫実忠が使用しており、岡崎氏の通字であり、盛実の名は岡崎氏として矛盾はない。いずれにせよ、政宣は佐奈田義忠の子惟平（または盛実）の子で、本来の名字は岡崎であった（系図8参照）。

では、政宣が名字を岡崎から山内に変えたのはなぜだろうか。一般に荘園名を名字とするのは、荘園の惣地頭職を持つ者であり、政宣は山内庄の惣地頭職を所持していたので、山内を名字とした可能性が高い。政宣は六人の大将軍の一人なので、かなりの勢力を持っており、山内庄の惣地頭職の所持はその基盤としてふさわしい。石橋山合戦で討たれた佐奈田義忠を弔う証菩提寺が山内庄本郷に建立されているが、無関係の所に菩提寺を建立することはまずないので、義忠の父岡崎義実は山内庄の惣地頭職または本郷の郷地頭職を頼朝から与えられ、それを政宣が受け継いだと考えられる。一方、政宣は山内庄の旧領主山内経俊と好があった点も注目される。その理由や契機は不明だが、政宣が山内氏を名乗ったことに関係する可能性もある。

山内の人々と三浦氏

『吾妻鏡』建暦三年（一二一三）五月六日条には同月二・三日の和田合戦で討死した者の名前が列記されている。その中に山内人々として、山内左衛門、同太郎、同次郎、岡崎左衛門尉、同太郎、同次郎、由井太郎、高井兵衛、なへ（く）いの小次郎、同七郎、大多和四郎、同五郎、大方小次郎、同五郎、成山四郎、同太郎、同次郎、高柳小次郎、土肥左衛門太郎、同次郎という二十人の名がある。この山内人々については湯山学氏の考察があり、山内氏または山内庄と何らかの関係があるとしている。

このうち山内左衛門、同太郎、同次郎の三人は筆頭に掲載され、山内を名字としているので、山内人々の中心である。先の山内先次郎左衛門尉政宣はこの後に捕らえられており、六日の時点では生存しているが、この記述は不正確なので、山内左衛門は同人と考えられる。太郎と次郎は政宣の子と思われるが、『系図纂要』には政宣の子の記載はない。

岡崎左衛門尉は『吾妻鏡』建保元年（一二一三）五月二日条に岡崎左衛門尉実忠とあるので名は実忠であり、佐奈田義忠の子である。同月六日条では岡崎余一左衛門尉父子三人が殺されたとあるが、実忠父子のことで、太郎と次郎に関して『諸家系図纂』に実忠の子義国に「太郎、父同討死」、実村に「次郎、父同討死」という注記がある。

由比太郎は「三浦和田系図」（中条家文書）には和田義盛の弟宗実の子実常に「由比太郎」の注記があるので、同人である。高井兵衛も同系図に和田義盛の弟義茂の子重茂に「高井兵衛尉」の注記があるので、同人である。大多和四郎と同五郎は『諸家系図纂』によれば、三浦氏の一族大多和義久の子久盛と久村であり、二人の兄義成の室は山内氏の娘で、子義季を生んでいる。この婚姻の成立時期は不明だが、これが大多和氏が山内人々に入っていることの要因であった可能性がある。

これらの山内人々は三浦氏の一族であり、中でも三浦義明の弟岡崎義実の一族が記載の順番から見ても中心である。『系図纂要』には土屋義清（岡崎義実の子）の子義則に「舞岡、土屋右兵衛尉」の注記がある。山内庄内に舞岡郷（戸塚区）があるので、同郷の地頭職を岡崎氏の一族が所持していたことになる。土屋氏は相模国中央部を勢力圏とする中村氏の一族で土屋（平塚市）を本拠とし、義清は養子に入っていた。

なお、その後、延慶二年（一三〇九）二月に南条時光は嫡子時忠に駿河国富士上方上野《うえの》郷、山内庄舞岡郷内の屋敷二箇所・給田一丁三反小・畠・野原、鎌倉の屋地を譲っている（大石寺《たいせきじ》文書）。南条氏は伊豆国南条（静岡県伊豆の国市）出身の北条氏家臣（得宗被官《とくそうひかん》）で、時光は日蓮の弟子日興《にっこう》に帰依して、上野郷に大石寺を建立した。和田の乱で義時は山内庄の地頭職を獲得し、家臣の南条氏に庄内の舞岡郷を与えたのである。給田は年貢を領主に納入することを免除された水田のことで、年貢・公事を南条氏自身が収納できた。舞岡郷は台地と舞岡川が形成した大小の谷からなるが、給田は谷部分にあり、野原は台地上にあったと思われる。一般に野原は肥料・燃料、馬の飼料の採取地であり、後述する鶴見寺尾郷絵図に見えるように野畠もあり、畠の開発予定地でもあった。

『諸家系図纂』や『系図纂要』には三浦氏の一族津久井義行の孫義方が秋庭《あきば》、芦名為清の孫為光が木曽次郎を名乗ったとある。秋庭は秋庭郷（戸塚区秋葉町）、木曽は小菅ケ谷村（栄区）の小名（木曽ノ谷）で、どちらも山内庄内にある。このように三浦氏一族は庄内の郷地頭職を所持していた。惣地頭職の所持者が郷地頭職を一族に与えることが多いが、惣地頭職の所持者の可能性が高い岡崎義実や山内政宣が同族である三浦氏一族に郷地頭職を配分したと考えられる。いずれにせよ、三浦氏一族は山内庄と関係が深く、山内人々の中心的存在であった（系図8参照）。

系図9【土肥・山内氏系図】

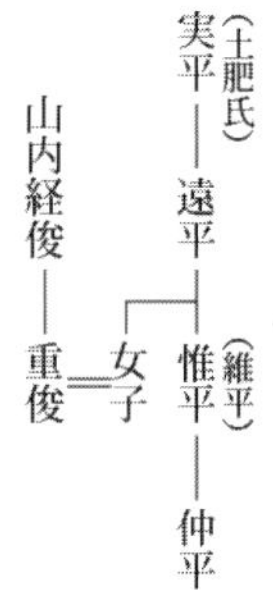

山内庄の人々と土肥氏

山内人々の最後に土肥左衛門太郎、同次郎とある。「小早川氏系図」では維平の子仲平に「左衛門太郎、義盛合戦之時被誅」、弟の某に「左衛門次郎、義盛合戦之時被誅」とあるので、仲平とその弟である（小早川家文書）。また、『吾妻鏡』建保元年（一二一三）五月二日条には和田方として土肥先次郎左衛門尉惟平の名があり、その後、囚人となったが、閏九月十九日に首をはねられた。同系図では土肥遠平（実平の子）の子維平（惟平）に「千次郎左衛門尉」とある。また、同家の別の系図には維平が和田合戦に味方したので、九月十九日に殺されたとある（小早川家文書）。九月と閏九月で異なるが、日は同じであり、『吾妻鏡』と系図は名前が一致している。これ以前の『吾妻鏡』に土肥先次郎・土肥先次郎惟平・土肥先次郎惟光が見え、いずれも惟平のことで、惟光は記載の誤りであろう。

一方、群書類従所収の「山内首藤系図」には山内経俊の子重俊は土肥遠平の二女と結婚し、一得名《いっとくみょう》を本領としたとあり、土肥氏と山内氏との間には婚姻関係があった。一得名は土肥氏の所領早河庄内（小田原市）にあった名で、その後も山内氏の子孫に相伝されている。この関係により、土肥氏が山内人々に含まれていたと思われる。

先述したように、土肥実平が山内庄の惣地頭職を与えられたとされてきた。維平は実平の孫なので、惣地頭職を継承していたが、没収されたとも考えられる。とは言え、山内政宣が惣地頭職を所持していた可能性の方が高い。だが、維平が山内庄内に地頭職を所持していた可能性も排除できず、この点は今後の課題である。山内庄は鎌倉に隣接する荘園として重要性は高く、乱後には山内（北鎌倉駅周辺）に北条氏宗家の屋敷が作られ、北条氏権力の基盤となった。

和田合戦後の証菩提寺と北条氏

和田合戦の二年後の建保三年（一二一五）五月に源実朝が証菩提寺を参詣し、翌年八月二十四日に北条義時は実朝の命により、佐奈田義忠の追善供養を行なった。義時による追善供養は和田合戦で岡崎氏一族が滅亡し、証菩提寺の保護者がいなくなり、しかも義時が山内庄の地頭職を与えられたので、庄内にある証菩提寺が義時の管理下に入ったことを示している。その後、北条氏は証菩提寺の興隆を推進していく。

文暦二年（一二三五）八月に本郷新阿弥陀堂が建立され、翌嘉禎二年八月に供養が行なわれ、翌年六月十五日に長日《ちょうじつ》御勤を開始した（鶴岡八幡宮寺社務職次第）。応永末年（一四二〇年代）頃の作成と推測されている『証菩提寺年中行事』という記録には、同寺の年中行事・寺家（別当）・供僧・寺領・古文書の写などが記されている。これには新阿弥陀堂は北条泰時の娘小菅《こすが》谷《や》殿の御願とある。小菅ケ谷は証菩提寺の西にあり、同じ本郷内である。泰時の娘は同地を所領としていたので、このように呼ばれたと考えられる。実際に同地に住んでいた可能性も高く、そうした関係から新阿弥陀堂を創建したのであろう。

また、この記録には仁治元年（一二四〇）三月七日付の北条泰時寄進状の写が掲載されている。内容は新阿弥陀堂に山内庄倉田郷（戸塚区）を寄進したが、年貢が不納のため、代わりに岩瀬郷（鎌倉市）を充てるとある。泰時は父義時から山内庄の地頭職を受け継ぎ、庄内の郷を新阿弥陀堂に寄進し、財政基盤を確立させたのである。このように、新阿弥陀堂は泰時とその娘によって創建・保護された。

六浦庄と頼朝の庶子貞暁

和田合戦では和田方として、六浦三郎・平三・六郎・七郎が討死しているが、名字から見て六浦庄を本拠としており、地頭職を持っていた可能性はある。だが、六浦氏は『吾妻鏡』にはこの時しか見えず、有力な武士ではない。六浦庄は重要な所なので、別の有力な御家人が地頭職を所持していた可能性が高い。和田合戦より後に六浦庄は金沢北条氏の所領になっているので、この時に北条義時に地頭職が与えられたと推測されているが、『吾妻鏡』にはこの点に関する記載はない。

先述した「大中臣氏略系図」では六浦庄が闕所になったとあり、これが事実ならば那珂氏が和田方だったので、六浦庄を没収された可能性があるが、『吾妻鏡』には那珂氏と六浦庄の関係を示す記事や和田方に味方した記事はない。一方、和田義盛が六浦庄の地頭であったという説もあるが、それを示す史料はない。このように六浦庄の元の地頭職所持者は不明確であり、今後も検討が必要である。

六浦庄は関東御領なので、将軍が荘園領主で、その下に預所職があるが、湯山学氏が注目した次の史料はその所有者を示すものである。建治三年（一二七七）十一月に仁和寺勝宝院は関東下知状によって、六連(六浦)庄の代わりに、備中国巨勢《こせ》庄預所・地頭両職を返却されたとあり（仁和寺経蔵文書）、これ以前には六浦庄は仁和寺勝宝院領で、預所職を同院が所持していたことになる。また、元々備中国巨勢庄（岡山県高梁市）は勝宝院領であったが、これ以前に失っていたことがわかる。

系図10【伊達氏系図】

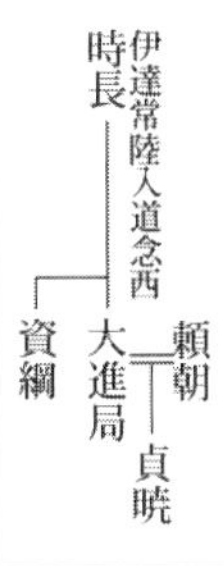

この巨勢庄は元々は頼朝の子貞暁が所有していた。貞暁は文治二年（一一八六）二月二十六日に頼朝と常陸介時長の娘との間に生まれた。この女性は殿中に祗候していた女房で、頼朝と密通していたが、出産により密通が露顕し、北条政子の怒りを買った。その後、建久三年（一一九二）五月十九日に貞暁は勝宝院の隆暁に弟子入りするために上洛した。元久三年（一二〇六）に隆暁は病死し（東寺長者補任）、貞暁はその後を継いで、勝宝院の院主となった（仁和寺諸院家記）。勝宝院は京にある真言宗寺院仁和寺の子院である。

『吾妻鏡』寛喜三年（一二三一）六月二十二日条には高野法印貞暁が二月二十二日に死去し、その遺跡《ゆいせき》を西園寺実氏の若君に譲ることを文書を副えて、北条泰時に申し送り、評定の結果認められたとある。文書には譲る所領として、備中国多気・巨勢両庄、和泉国長家庄、伊勢国三ケ山・山田野庄などが記されているので、以前から貞暁は巨勢庄の預所・地頭職両方を所有していたが、六浦庄の名はないので、この時点では貞暁の所有ではなかったと思われる。

貞暁が譲った所領の一つ伊勢国三ケ山は常陸三郎が地頭であった（『吾妻鏡』文治三年四月二十九日条）。同人は常陸介時長の子資綱で、貞暁の母の兄弟である。建久三年（一一九二）十二月十日条には女房大進局（伊達常陸入道念西の女）は以前に拝領した伊勢国三ケ山に関し、子細を申して政所下文を再び与えられたとある。伊達常陸入道念西は常陸介時長と同一人物で、大進局は貞暁の母の女房名である。この前年の正月二十三日に大進局は政子の怒りを買っていたので、頼朝は京に行かせることにし、近国なので伊勢国で所領を与えていたが、これが三ケ山にあたる。

　大進局の父常陸介時長の名字は伊佐であったが、奥州合戦の恩賞により、陸奥国伊達郡（福島県伊達市・桑折《こおり》町）の郡地頭職を与えられ、以後は伊達を名字とした（奥州余目記録）。その後、伊達氏は伊達郡を中心に支配領域を拡大し、戦国大名となり、政宗の時に最盛期を迎えた。先述した文治五年（一一八九）八月の阿津賀志《あつかし》山（福島県国見町）の戦いで常陸入道念西とその子資綱などが戦っている。常陸入道念西とあるので、時長はこれ以前に出家していたことがわかる。伊佐は常陸国伊佐郡（茨城県筑西市）のことで、元は同地を本拠としていたと思われる。また、常陸国の国衙に関与していたので、常陸介と名乗ったのであろう。

　こうした点から貞暁は母から三ケ山を受け継いだことがわかる。その他の荘園を得た契機は不明だが、同じく母から相続したか、頼朝から与えられたと考えられる。寛喜三年までは備中国巨勢庄は貞暁が所有し、弟子の西園寺氏に譲っているが、建治三年以前に失っているので、寛喜三年以降に巨勢庄の代わりに六浦庄が与えられた可能性がある。六浦庄は和田の乱後に北条義時が地頭職を獲得したと思われるが、預所職は以前のままで、頼朝と関係が深い人物が所持していた。それが貞暁の死後勝宝院に与えられたことになる。

　巨勢庄は鎌倉幕府が預所・地頭職両方を補任しているので、関東御領であり、荘園領主は鎌

系図11【西園寺氏系図（『尊卑分脈』）】

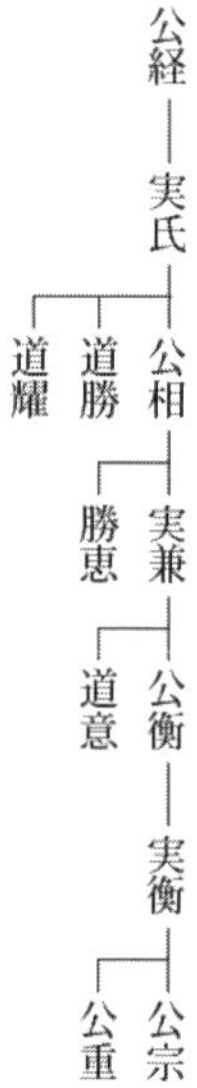

倉将軍であった。貞暁は元久三年に勝宝院主となっていたが、頼朝の子であることを考慮して、幕府から関東御領である巨勢庄が与えられたと思われる。これは承久の乱以前のことなので、同庄は平家没官領であったと考えられる。

勝宝院主は貞暁の死後、西園寺実氏の子道勝、その弟道耀《どうよう》、実氏の子公相の子勝恵、実兼の子道意の順で継いだ（尊卑分脈、仁和寺諸院家記）。実氏は鎌倉幕府から関東申次に指名され、以後も西園寺氏が務めた。このように勝宝院は幕府と関係が深いので、巨勢庄に代えて六浦庄が与えられたが、建治三年に再度の交換が行なわれたと考えられる。先述したように、榛谷御厨も西園寺氏に与えられており、幕府による西園寺氏への所職賦与の実態を追究すべきである。

朝比奈切り通しと義秀の伝承

六浦庄は鎌倉から東京湾沿岸に出るには最短地であり、房総へ渡海する港として重要であった。仁治元年（一二四〇）十一月三十日に鎌倉と六浦の間に道路を作ることが会議で決定し、

各御家人が工事を担当する長さを定め、配分した。しかし、工事ははかどらず、二度にわたって北条泰時がその場に臨み、自ら石を運ぶなどして工事を督励した。道路の完成時期は『吾妻鏡』に記述がなく不明である。一方、これ以前から六浦と鎌倉を結ぶ道が存在したのは間違いなく、それは白山《しらやま》道と推定されている。白山道は釜利谷南（金沢区）の白山神社の前を通り、十二所《じゅうにそ》（鎌倉市）から鎌倉に入る道である。よって、この工事はより短距離の新道建設と考えられる。建設理由は泰時が率先して工事をしたことからわかるように、北条氏の利害が大きかったと思われる。和田合戦後に北条時房が上総国飯富《おふ》庄（千葉県袖ケ浦市）の地頭職を獲得しているが、房総と連絡するために、六浦との往来がより重要となり、新道が建設されたのだろう。

この道は六浦道、途中の峠は朝比奈の切り通しと呼ばれている。この切り通しの工事は山を掘り抜くものであり、多大な労力が投入されたと思われる。切り通しが朝比奈と呼ばれた理由に関しては『新編鎌倉志』に「土俗云、朝夷名三郎義秀、一夜の内に切抜たり、故に名くと」とあり、朝比奈義秀が一夜で切り開いたので、命名されたとしている。『新編鎌倉志』は徳川光圀が家臣に鎌倉の名勝旧跡を編纂させ、貞享二年（一六八五）に完成した地誌である。

朝比奈義秀は先述したように和田合戦で活躍した人物だが、なぜ切り通しの名の由来になったのであろうか。『吾妻鏡』建暦三年（一二一三）五月三日条には和田合戦後に義秀が船六艘で安房に向かったとある。だが、『明月記』（藤原定家の日記）同年五月九日条には和田方の五百騎ほどが船六艘に乗り、安房に向かったとあり、義秀の名はない。『吾妻鏡』は『明月記』を編纂史料として使っていたが、『吾妻鏡』は『明月記』の記述に義秀を付け加えて、安房に逃れたことにしたのである。一方、同年五月六日条の討死者の中に朝夷名三郎の名があり、義秀は討死していたことになる。

こうした改変がなされたのは『吾妻鏡』が編纂された鎌倉後期に義秀が既に伝承化していたことを物語る。『曽我物語』では義秀は和田義盛の酒宴の席に曽我五郎時致を引きずりこもうとするが、力比べに負けて倒れ込んでいる。これは『曽我物語』の裏のテーマである力比べ話の一つである。『曽我物語』の別の部分（巻九）には「此者は朝比奈にみぎはまさりの大力、おこの者と聞きたり」とあり、義秀を大力の持主としている。

朝比奈義秀と芸能

「朝比奈」という狂言がある。これは閻魔王が地獄に落とす者を待っている所に、朝比奈義秀が来て、和田合戦の様子を語るものである。それには「朝比奈が人礫、目を驚かす」という表現がある。人礫は先述した畠山重保にも使用されており、大力を示す象徴的な表現であった。さらに義秀による門破りが大げさな表現で語られる。『吾妻鏡』には義秀が幕府御所の惣門を破り、火をかけたとあり、それを踏まえたものである。

この門破りの話は室町時代には一般に流布していた。『看聞日記』応永三十年（一四二三）七月十五日条には伏見（京都市）の百姓が門を作り、義秀が門を破る様子を模倣した風流を行なったとある。また、同日記の永享十年（一四三八）六月十日条には後花園天皇から父の貞成親王（日記の筆者）に和田義盛の絵巻が届けられ、それに義秀が門を破るシーンがあると記されている。北条本の『吾妻鏡』には建保元年（一二一三）の冒頭に「和田義盛叛逆朝夷名三郎義秀破門事」とあり、和田合戦の中では枝葉である門破りのことがわざわざ記されている（吉《きっ》川《かわ》本にはなし）。これは門破りの話が一般化した段階で記されたと思われるが、この話が有名であったことを示している。

また、この狂言には五十嵐小文治が義秀の鐙を反《かえ》そうとしてかかってきたのを、義秀は小文治を鞍の前輪に押し付け、廻したことを語りながら、閻魔王を引き回し、最後は投げ飛ばし、これに閉口した閻魔王は義秀を浄土に送ることになったとある。この五十嵐小文治は『吾妻鏡』では義秀によって討たれている。

五十嵐氏は越後国五十嵐保（新潟県三条市）を本拠とする御家人で、『吾妻鏡』延応元年（一二三九）五月二・三日条には五十嵐小豊次太郎惟重と名越朝時の被官小見親家が越中国国吉《くによし》名《みょう》をめぐり相論したとある。この惟重は五十嵐小文治の子であろう。一方、越後国笹堀村（新潟県五泉市）には大蛇と少女の間で生まれたのが五十嵐小文治で、代々の者には腋の下に鱗が三枚あったという伝承が残っている。これに類似した伝承は全国各地にあり、柳田国男は『平家物語』巻第八の「緒環《おだまき》」に記されている緒方氏の伝承もその一つとして、この伝承とともに注目している。また、五十嵐保内にある五十嵐神社（三条市飯田）境内の注連掛大杉は五十嵐小文治吉辰が館の庭から投げた巨石がめりこんだ杉という伝承があり、小文治が大力の持主であったことを示している。この伝承も朝比奈義秀の大力伝承から派生したものであろう。

このように室町時代には義秀の門破りをモチーフとした風流・絵巻・狂言が存在した。これらは『吾妻鏡』に記されている門破りや義秀が五十嵐小文治を討ち取ったことを踏まえて、創作されたものである。また、狂言「朝比奈」には「古郡がつつぬき、さげ切り、数を知らず」とある。これは古郡氏が筒を引き抜くように首を抜き、上から下に切ったのは数知れないという意味である。『吾妻鏡』には和田合戦の時に由利維久が射た矢が古郡保忠の郎党に当たり、怒った保忠がその矢を引き抜いて射返し、北条泰時の鎧に当たったことが記されている。つまり、この古郡氏に関する表現は『吾妻鏡』で保忠が矢を引き抜いたことを元にしたものである。古郡保忠は和田方の大将軍の一人で、甲斐国古郡庄（山梨県上野原市）を本拠としていた。

これらは『吾妻鏡』が元ネタになっているが、『吾妻鏡』は一般的には流布していないので、それを直接見て『曽我物語』や狂言が書かれたとは考えられない。おそらく、和田合戦を語った物語が口頭で伝えられて、それが室町時代には文字化・絵画化したと考えられる。『吾妻鏡』

自体もそうした和田合戦に関する物語を採り入れて編纂された可能性が高い。

公暁を討った長尾氏

和田合戦後の建保五年（一二一七）六月に頼家の子公暁は鶴岡八幡宮別当になった。その二年後の建保七年正月二十七日に鶴岡八幡宮の境内で実朝は公暁に討たれた。公暁は実朝の首を手に持ち、三浦義村に使者を遣わした。義村は使者が帰った後にこれを北条義時に告げ、長尾新六定景を討手に遣わした。そして、定景は公暁を討ちとった。この事件に関しては公暁単独の行為、あるいは黒幕に三浦氏または北条氏がいたなど諸説あるが、長尾氏が三浦義村の命で公暁を討った点が注目される。

先述したように、石橋山合戦で頼朝に敵対した長尾為宗は岡崎義実、弟の定景は三浦義澄に預け置かれていた。その後、『吾妻鏡』養和元年（一一八一）七月五日条には頼朝は岡崎義実に子佐奈田義忠を討った定景を預け置いていたが、定景が毎日法華経を転読しているのを見て、怨念が消えたので、頼朝に定景の赦免を乞い、許されたとある。定景の預置先が前後で異なっているが、前者が誤りか、または定景の預置先が義実に変わったと考えられる。一方、為宗に関する記述はその後もない。

定景は許されたが、その後の『吾妻鏡』には見えない。次に長尾氏が『吾妻鏡』に見えるの

系図12【長尾氏系図（長尾系図）】

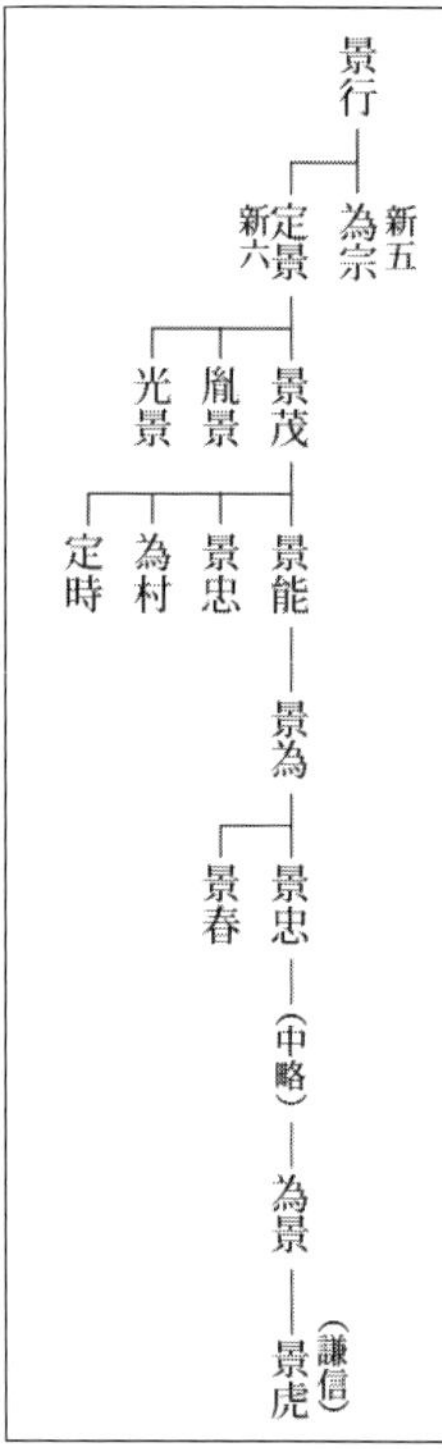

は和田合戦の時で、定景の子景茂と胤景が和田方の土屋義清・土肥惟平と戦っていたところに胤景の弟で十三歳の江丸が長尾（栄区）から馳せ参じ、武芸を披露したので、義清は感心したとある。江丸は長尾から来ているので、長尾氏は本領を回復していたことがわかる。

　その次が定景が公暁を討った記事である。石橋山合戦から三十九年も経過しており、定景は高齢であった。それでも三浦義村が定景を派遣したのは公暁は悪禅師と呼ばれ、武勇の者であり、それに対抗できる武者として定景が選ばれたのであろう。定景は義村の命を受けているので、三浦氏の家臣的存在であったと思われる。当時は御家人ではあるが、事実上他の御家人の家臣となっていることがよくあった。定景は最初は三浦義澄に預け置かれており、岡崎義実も三浦氏一族なので、この関係から三浦氏の家臣的存在になったのであろう。

承久の乱と市域の武士

実朝の死後、幕府は後継者として、九条道家の子でわずか二歳の三寅（後の頼経）を立てた。三寅は承久元年（一二一九）七月十九日に鎌倉に入った。勿論、政治がとれるわけはなく、北条義時と政子が中心となって、幕府は運営された。頼経が征夷大将軍に補任されたのは嘉禄二年（一二二六）正月である。

承久三年五月十五日に後鳥羽上皇は北条義時追討の宣旨を下した。これに対して、同月二十二日に幕府は東海道・東山道・北陸道から攻め上ることを決定した。東海道を進んだ軍は六月十三日に瀬田橋（滋賀県大津市）と宇治橋（京都府宇治市）で戦った。翌十四日に北条泰時は宇治川の浅瀬を探らせた上で渡河を命じた。そして、佐々木信綱と中山次郎重継らは伏見津（京都市）付近の瀬から宇治川を渡った。

『承久記』（古活字本）には信綱に続いて渡った武士を中山五郎次郎とし、重継と見られるが、名乗りが少し違っている。五郎次郎は父が五郎で、その次男という意味である（次男でないこともある）。先述したように、中山為重の通称は五郎であり、『承久記』に従えば中山五郎次郎はその子となるので、重継は為重の子と見られる。為重は比企の乱で自殺したが、重継はこれに関与しなかったので、生き残ったと思われる。先述したように、信綱の妻は為重の娘であった（系図3・13参照）。『承久記』では重継が信綱に属しているような印象があるが、父為重が死んで、中山氏は没落したので、姉妹の夫である信綱を頼っていたのであろう。

『承久記』には渡河した武士の中に山内首藤氏の一族山内弥五郎が見える。また、渡河後に十六歳の相模国住人樫尾三郎景高が京方の宗徒と思われる者と戦ったとある。樫尾は名前に景の一字があるので鎌倉党で、柏尾（戸塚区）を本拠とした武士と考えられる。他に三浦の秋庭三郎が佐々木氏綱を討ち取っている。秋庭三郎は十七歳だが、大力であったので、取り押さえて首を取ったとある。秋庭三郎は秋庭（戸塚区秋葉町）を本拠とした三浦氏一族である。

このように市域の武士も承久の乱で活躍した。乱後には京方の武士や公家の多くの所領が没収され、関東御領となったり，新たに地頭が設置され、西国に御家人が所領を得る契機となった。

七瀬の祓いと六浦・猳河

将軍藤原頼経の時期になると、『吾妻鏡』に陰陽師《おんみょうじ》関係の記述が目立つようになる。その要因として、摂関家出身者が将軍になったため、京の慣習が持ち込まれたことが挙げられる。貞応三年（一二二四）六月六日には祈雨のため、関東で初めて陰陽師により七瀬御祓《みそぎ》が行なわれた。場所は由比浜・金洗沢池《かねあらいさわ》・固瀬河（片瀬川）・六連（六浦）・猳河《いたちがわ》・杜戸（森戸）・江島龍穴であった。七瀬御祓（七瀬の祓）とは平安時代以降、朝廷で行われた公事《くじ》で、吉日を選び、天皇の災禍を負わせた人形《ひとがた》を七人の勅使の手で七つの瀬に持ってゆき、祓をして流すもので、これが幕府にも導入されたのである。由比浜・金洗沢・固瀬河（以上鎌倉市）は鎌倉周辺の海岸である。

金洗沢（鎌倉市七里ガ浜）は七里ケ浜に流入する行合川の西側付近の地名で、すぐ西が腰越（鎌倉市）である。『平家物語』巻第十一（腰越）には源義経が壇ノ浦合戦で捕えた平宗盛父子を鎌倉に連行した時に梶原景時が金洗沢に関を設置し、宗盛父子を受け取り、義経を腰越に追い返したとある。これは金洗沢が鎌倉の西の境界であったことを示している。

行合川を遡ると田辺ケ池があるが、『極楽寺境内絵図』では極楽寺の西側に描かれ、「田□谷龍池」と記され、その下に王龍王宮も描かれている。絵図は室町期の作成と推定されているので、この池は鎌倉時代からあった。『相模国風土記稿』の津村（鎌倉市）には田鍋池は字田鍋ケ谷にあり、文永八年（一二七一）の日蓮祈雨の旧跡とある。また、忍性は正安三年（一三〇一）に田那部池で祈雨を行なっている（忍性菩薩略行記）。この池には龍がいると信じられ、それを祀ったのが王龍王宮であろう。龍は海や池に住み、雨を司り、雨をもたらすという信仰により、この池で七瀬御祓を行ったのであろう。江島龍穴での七瀬御祓も同様の理由に基づく。江島龍穴は文字通り龍が住む洞窟で、現在の岩屋のことである。

六浦（金沢区）は東京湾岸にある。杜戸（葉山町堀内）は鎌倉から名越の切通しを越え、さらに南の海岸一帯の地名で、森戸川河口の岬に森戸神社がある。神社の周囲は海なので、ここで七瀬御祓が行なわれた可能性がある。独河（鼬川）は山内庄本郷を流れる川である。独河は川の名前なので、どこで七瀬御祓を行ったのだろうか。鎌倉中道・下道は鎌倉から小袋（巨福呂）坂を越えた後で、山内を通り犾河を渡る。七瀬御祓は水がある所で行なうが、小袋坂付近には目立った水がないので、鎌倉道が犾河を渡る所で七瀬御祓を行ったと考えられる。つまり、これら七箇所は海・川・池に位置し、すべて水や龍に関係があり、しかも境界的な場所である。この場合は祈雨が目的なので、水に関係する場所で雨を呼ぶのである。

本質的には御祓は穢《けが》れを祓う目的で行うが、穢れは道から内部に入ってくる。現在でもかつての村境に道祖神や地蔵があり、勧請縄《かんじょうなわ》と呼ばれる縄を村境に張る民俗行事があるが、これらにも同様の意味がある。

四角四境祭と六浦

七瀬御祓と同様に陰陽師が行なう祭祀に四角四境祭がある。元仁元年（一二二四）十二月二十六日には疫病流行のため、陰陽師によって四角四境鬼気祭が東は六浦、南は小壺（逗子市小坪）、西は稲村（鎌倉市稲村ケ崎）、北は山内で行なわれた。これらが鎌倉の四方の境界であった。この四角四境祭も京で行なわれていた陰陽師による災厄を祓うための祭祀である。

その後、嘉禎元年（一二三五）十二月二十日には頼経の病気の祈祷として、御所の艮《うしとら》（北東）・巽《たつみ》（南東）・乾（北西）・坤《ひつじさる》（南西）と小袋坂・小壺・六浦・固瀬河で四角四境祭が行われた。

前者が四角、後者が四境であり、境が二重になっている。最も守るべきなのは将軍の身体であり、御所の境が四角となり、鎌倉の境が四境である。元仁元年条には山内とあるが、これには小袋坂とあり、前者の山内も実際は小袋坂であったことになる。

同月二十七日には同じく頼経の病気の祈祷のため、色々な祭祀が行なわれ、その中に霊所祭があった。これは七瀬御祓と同じ場所で行なっているので、七瀬御祓同様の祭祀であった。このように七瀬御祓と四角四境祭は色々な目的で行なわれているが、本質的には穢れを境界で防ぐための祭祀である。六浦は両祭祀ともに境界であり、鎌倉の境界として強く意識されていた。

次の事例も六浦の境界性を示している。建久三年（一一九二）二月二十四日に和田義盛は頼朝の命により、平家の家人上総五郎兵衛尉忠光を六浦の海辺で梟首した。また、応永四年（一三九七）正月には鎌倉府に反乱を起こした小山若犬丸の子二人が六浦の海に沈められた（神明鏡など）。処刑は穢れを生むので、それを忌避するため、鎌倉の外側の六浦で行なわれたのである。しかも両例とも海岸であり、穢れを海に流す意図があったと思われる。穢れや災厄を外に出す目的の民俗行事は各地にあるが、市内では本牧（中区）のお馬流し、富岡（金沢区）の祇園舟、生麦（鶴見区）の「蛇《じゃ》も蚊も」がその典型で、すべて海沿いでの行事であり、七瀬御祓の変形と言える。

鳥山郷の開発と佐々木氏

延応元年（一二三九）二月に武蔵国小机郷鳥山等《など》（港北区）での水田開発が佐々木泰綱に命じられた。先述したように泰綱の母は中山為重の娘であり、泰綱の弟で京極氏の祖である氏信の母も為重の娘であった。また、為重の祖父基家は小机六郎と呼ばれていたので、為重はそれを受け継いで小机郷を所領としていたと推測される（系図3・13参照）。泰綱は母から小机郷の一部である鳥山を相続していたので、開発を命じられたのであろう。

『武蔵風土記稿』によれば、鳥山村には佐々木高綱館など高綱に関する伝承があった。高綱は宇治川の先陣を梶原景季と争った『平家物語』の挿話で有名である。高綱は泰綱の祖父定綱の弟であり、泰綱の直接の先祖ではないが、佐々木氏と言えば高綱が有名なので、こうした伝承が生まれたのだろう。

この命令はどのような方法で水田を開発しようとしたのだろうか。鳥山は小机の東に位置し、①鳥山川とその支流の砂田川沿いの谷戸、②鶴見川・鳥山川沿いの低地に分かれている。中世の水田の基本は谷戸田であり、市域においても同様である。一方、中世には大・中河川沿いでも水田開発が行われており、その方法には①河川に堰を作り、用水を引く、②河川後背地の低湿地を利用するといったものがある。

鳥山の谷は奥深くまで伸び、そこを流れる砂田川の上流は近世には下菅田村（神奈川区菅

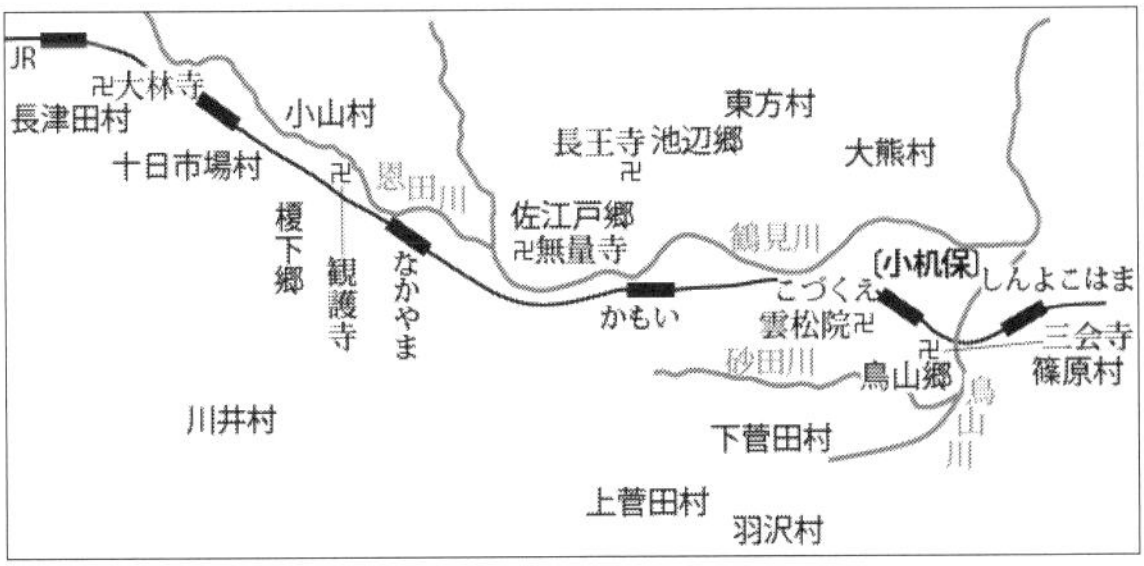

地図 11　小机保・鳥山郷とその周辺

田）、下流は北が鳥山村、南が下菅田村であった。谷全体が元々は一つの領域と考えられるので、下菅田村は鳥山郷から後に分村したと思われる。なお、中世史料では菅田の地名は見えない。この谷は奥深いので、開発の余地があり、この命令により開発が行なわれた可能性がある。谷戸田の灌漑は基本的には台地からの湧水によるが、溜池による場合もあった。『武蔵風土記稿』には鳥山村では下菅田村にある二つの溜池を利用しているとある。この溜池がいつから存在したかは不明だが、下菅田村が元は鳥山郷に属していたことを示している。ただし、溜池は狭く、広範囲の水田を灌漑できないので、多くは湧水に依存していたと思われる。

一方、鶴見川沿いにはかなり広い低地があるが、常に洪水の危険がある。また、谷からの灌漑は可能だが、用水不足になる。とは言え、この開発命令が低地部分の開発を念頭に入れていた可能性はある。その方法として①鶴見川に堰を設置して、用水を引く、②谷から用水を引く、③鶴見川に堤防を築くの三

系図13【佐々木氏系図（主に『尊卑分脈』）】

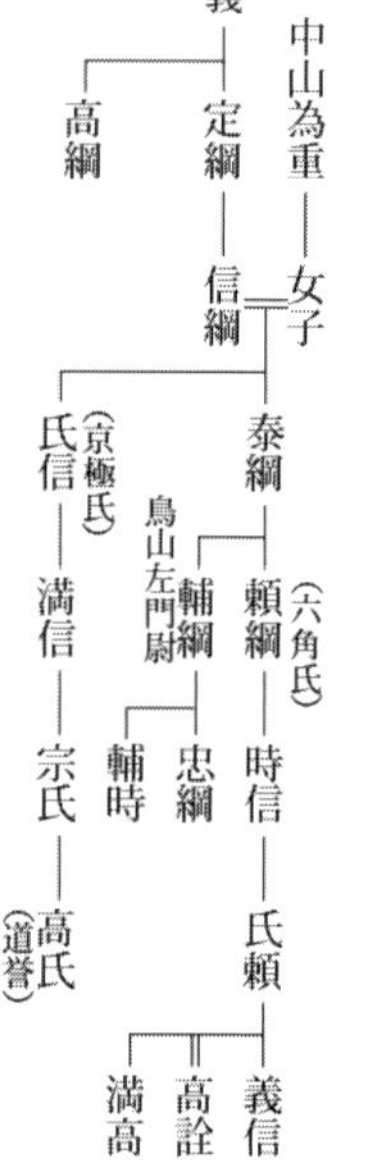

つが想定できる。①に関しては、近世でも鳥山村では鶴見川から用水は引いていないので、この時も試みなかったか、あるいは試みたが失敗したと考えられる。

幕府による堤防の修築としては、建久五年（一一九四）十一月に武蔵国大田庄（埼玉県羽生市など）の堤、建長五年（一二五三）八月に下総国下河辺庄（埼玉県春日部市・吉川市など）の堤の修築を命じた例がある。両庄内には利根川（古利根川）が流れており、堤を修築して開発する意図があった。近世には鳥山村など鶴見川沿いの村には堤防があったが、中世に存在したかは不明である。

以上から、鳥山の開発方法としては①谷戸田開発、②谷戸から低地への用水の導入、③堤防の修築の三つが想定できる。佐々木高綱の館の伝承地は砂田川沿いの谷戸部分であり、この伝承によれば、佐々木氏による開発も谷戸田が中心と考えられる。勿論、谷戸田と低地両方が開発された可能性もある。いずれにせよ、幕府は武蔵国各地の開発を意図し、鳥山の領主である佐々木氏にも命じたのである。なお、『尊卑分脈』には佐々木泰綱の子輔綱に「号鳥山」、その子輔時に「鳥山弥五郎」の注記がある。一方、「佐々木系図」（群書類従所収）には輔綱に「鳥山五郎左衛門」、その子忠綱に「鳥山四郎」、弟の輔時には「弥五郎」の注記がある。鳥山の注記があるのが輔時と忠綱で異なるが、鳥山郷は佐々木輔綱の子孫に受け継がれていた。

小机保への変化とその領域

『吾妻鏡』には小机郷鳥山とあるので、鳥山は小机郷に含まれていた。その後、永徳二年（一三八二）七月の鎌倉公方足利氏満御教書には「武蔵国小机保出戸《いでど》村」とあり（賜蘆《しろ》文庫文書）、室町時代には小机郷から小机保に変わっていた。先述したように、保は国衙領の開発を奨励するための制度で、開発終了後に保になった。小机保の場合は佐々木氏に対する開発命令により、ある程度開発が進んだ結果、小机郷が小机保になったと考えられる。

では、小机保の領域はどの範囲であろうか。まず、出戸村に関しては、神奈川区菅田町に南出戸・出戸谷などの字名が残るので、近世の下菅田村にあたると思われる。『三宝院伝法血脈』にも小机保に関する記述がある。称名寺（金沢区）の四代長老実真の孫弟子等海義印は鳥山楊柳院を開き、その弟子義継は鳥山三会寺《さんねじ》に移住した。その後、義継の弟子賢継は享徳四年（一四五五）三月に鎮継に「小机保久楽郷羽沢村観吽寺」で醍醐寺三宝院流の伝法灌頂を行い、長禄四年（一四六〇）十月に印融にも「小机保鳥山郷三会寺」で伝法灌頂を行なった。伝法灌頂は密教を修行した行者に阿闍梨の位を許す灌頂で、密教灌頂の中で最も重要な儀式である。

印融は多くの聖教《しょうぎょう》を収集した学僧として知られている。印融は文明六年（一四七四）十一月に融弁と融恵に「小机保榎下観護寺」で伝法灌頂をしている。こうした記述から室町時代には小机保内に鳥山郷・榎下郷・久楽郷羽沢村（神奈川区）があり、称名寺の法流を受けた僧が住む寺があったことがわかる。羽沢村は鳥山郷の南の下菅田村の南隣に位置する。

『武蔵風土記稿』には小山村《こやま》（緑区）の観護院（現観護寺）は三会寺の末寺で、久保村（緑区）出身の印融が晩年に住んだとある。小山村は榎下村（緑区、一九三九年に新治町となる）の北にあり、榎下郷に含まれていたと見られる。『武蔵風土記稿』の榎下村の項には十日市場村は榎下村の分郷で、久保（一九三九年に三保町となる）・寺山・台・中山・十日市場村（すべて緑区）の元郷は榎下村と村人が言うとある。また、『武蔵風土記稿』の大豆戸《まめど》村（港北区）の項には住人が持つ元和二年（一六一六）の記録に「多東郡《たとう》小机保内大豆戸ノ郷」とあるとする。

さらに元亀三年（一五七二）十一月付の小机城主北条氏光の朱印状には「鳥山之内神台地《かんだいじ》（神大寺）雲松院分」とある（雲松院文書）。これによれば、神大寺は鳥山の内なので、小机保となる。『武蔵風土記稿』の神大寺村（神奈川区）の項には小机城主笠原信為が神大寺を建てたが、その後に小机村に移して雲松院（曹洞宗寺院）とし、元の寺名を村名としたと村人が言うとある。この伝承が事実かは不明だが、戦国時代に神大寺は雲松院の寺領であり、雲松院が神大寺と密接な関係にあったのは確かである。近世の神大寺村には寺が一つもないが、こうした関係による可能性がある。『武蔵風土記稿』では小机村の雲松院の開基は笠原信為で、法名を乾徳寺雲松道慶というとある。また、下菅田村の項には小名道慶谷《どうけやと》はここで信為を荼毘にしたので、この名があるとする。信為は伊勢（北条）早雲の家臣だが、小机の近くの神大寺村や下菅田村に伝承が残るのも、両村が小机保内であったことによると考えられる。

こうした点から小机保は北の境界が鶴見川・恩田川で、東は大豆戸村、西は十日市場村、南は羽沢村に及んでいたと推測される。近世には大豆戸村と鳥山村の間に篠原村があったが、大豆戸村が小机保であるのが確実ならば、篠原村も小机保となる（地図11参照）。

鶴見別荘と安達氏

仁治二年（一二四一）十月二十二日に武蔵野で水田を開発することが幕府の会議で決定した。だが、開発は多摩川の水を懸上げて行なうので、これは犯土《ぼんど》（土を掘る時期を誤ると、たたりを受けること）にあたるか、また将軍の沙汰とするか私沙汰とするのかが問題となり、陰陽師に諮問した。その回答は「堰溝耕作田畠」は大犯土であり、久良岐郡の北に位置する安達義景の所領鶴見郷（鶴見区）に方違《かたたがえ》すべきというものであった。

系図14【安達氏系図（主に『尊卑分脈』）】

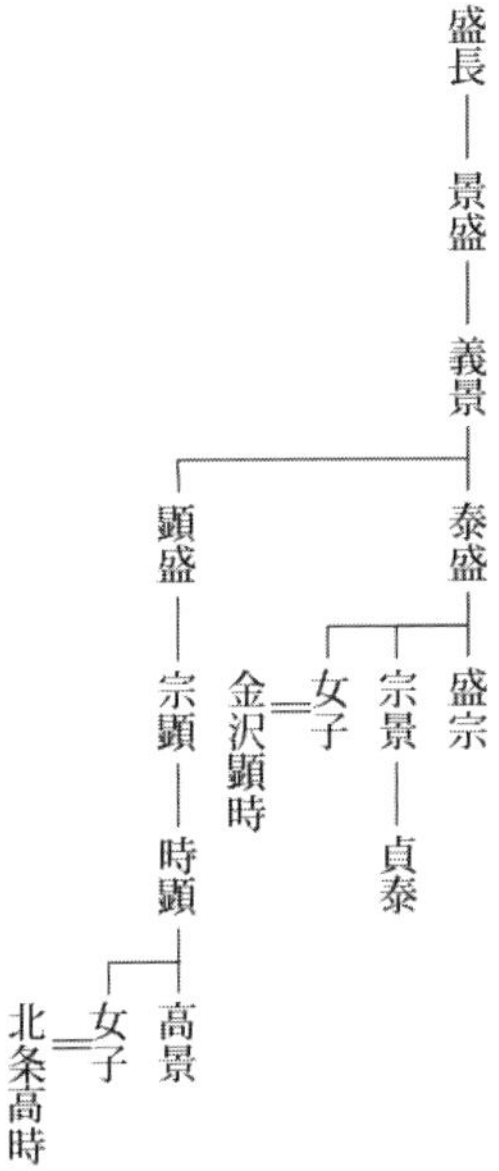

　これも一連の武蔵国開発だが、土を掘り返すので犯土となるのが問題とされたのである。翌十一月四日に将軍頼経は多くの御家人を連れて、義景の鶴見別庄（別荘）に向かい、翌日に海辺を遊覧しながら鎌倉に戻った。開発された土地は御家人に与えることになっており、堰の設置、溝（用水）の開削を伴う大規模な開発であったと考えられる。この場合の武蔵野とは多摩川流域の荒野を意味すると思われる。

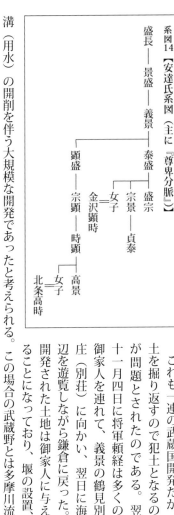

　ここで注目されるのは鶴見郷が安達義景の所領であったことである。安達氏は幕府草創期の盛長に始まり、梶原・畠山・和田氏などが滅んだ後は北条・三浦氏と並ぶ有力御家人であった。義景は関東御領と推定されている上野国春近《はるちか》領の預所職を所持していた。関東御領では預所・地頭職両方を同一人物が所持していることがよくある。先述したように、鶴見郷は関東御領と推定される師岡保内の郷であったと考えられる、よって、師岡保には保司職と地頭職が存在し、

義景は両方または片方を所持していたと思われる。なお、先述の二俣川合戦では安達景盛（義景の父）が率いた者の中に鶴見平次がいるが、安達氏が鶴見郷を所領としたことにより、家臣になったと考えられる。

また、鶴見に別荘があった点も注目される。後述する鶴見寺尾郷絵図には鶴見を通る道と鶴見川を渡る橋が見えるが、この道は鎌倉下道と考えられる。鶴見郷は鶴見川を渡河する交通の要地であり、この別荘は鎌倉下道と鶴見川を掌握する目的で作られたと考えられる。なお、三浦氏は相模川の渡河地点である田村（平塚市）に別荘を持っており、安達氏と共通している。

宝治合戦と長尾氏

成人した頼経は主体的な動きを始めたため更迭され、寛元二年（一二四四）四月に子頼嗣が征夷大将軍となった。その後、寛元四年五月に名越光時が執権北条時頼の排除を図ったが失敗し、光時は配流され、千葉秀胤・後藤基綱などは評定衆を罷免された（寛元四年の政変）。七月には頼経は京に帰されたが、鎌倉を出発する時に三浦光村は涙を流し、もう一度頼経を鎌倉に戻したいと人々と相談した。この政変や頼経帰京には北条氏と三浦氏の対立も伏在し、ついに翌宝治元年（一二四七）六月五日に鎌倉で三浦氏と北条氏の間で合戦が起き、三浦泰村・光村兄弟など五百人余が頼朝を祀る法華堂で自害した。いわゆる宝治合戦である。

その時に佐々木泰綱と氏信は長尾景茂を追討するために長尾氏の屋敷に向かったが、景茂父子は法華堂で自殺していたので引き返した。翌日、六浦庄内に三浦氏の与党人がいるという噂があるので、領主の北条（金沢）実時に追討が命じられたが、与党人はいなかったので鎌倉に戻った。その後、上総にいた千葉秀胤が泰村の妹聟という理由で追討を受けて自害した。他にも三浦氏の与党が追討を受けたり、捕えられた。

『吾妻鏡』六月二十二日条には自殺・討死・生捕られた人々の名前が列記されているが、市域内の武士として、榛谷四郎・同子息弥四郎・同五郎・同六郎、長尾景茂・同新左衛門尉定時（吉川本は定村）・同三郎為村・同次郎左衛門尉胤景・同三郎左衛門尉光景・同次郎兵衛尉為景・同新左衛門四郎、秋庭又次郎信村の名がある。

榛谷氏が四人いる。先述したように榛谷重朝は畠山重忠が討死した直後に殺害され、榛谷御厨は没収されていたが、榛谷氏は生き残っていた。重朝との系譜関係は不明だが、世代的にはその孫にあたる。おそらく他の御家人の家臣的存在になっていたと考えられる。

長尾氏は七人もいるので、かなりの勢力を有していたと推測される。このうち景茂と弟の胤景は和田合戦で幕府方として戦っている。胤景は仁治四年（一二四三）に讃岐守護三浦光村の守護代を務めていたと推測されている。「長尾系図」（群書類従所収）では景茂の子に新五景能、四郎景忠、三郎為村、新左衛門定時がいるが、後者二人は討死自殺した者と同一人物である。

暦仁元年（一二三八）六月五日に頼経が奈良春日社に参詣した時に、義村の子四人と共に長尾景茂と光景が義村の随兵を務めている。また、文暦二年（一二三五）九月十日に光景は三浦義村・泰村によって恩澤奉行に吹挙され、念願の恩賞を与えられている。こうした活動から景茂と光景は三浦氏の家臣的存在であったことがわかる。光景は名乗りや行動を共にしている点から胤景の弟と見られる。新左衛門四郎は新左衛門尉定時の子であろう。次郎兵衛尉為景は系譜関係は不明である。秋庭信村は長尾氏の次に見えるので、長尾氏一族の可能性がある。一方、三浦氏の一族に秋庭氏がいるが、各種の三浦氏関係系図には信村の名は見えない。長尾氏が三浦氏の家臣的存在であった点からすると、長尾氏から秋庭氏に養子に入った人物かもしれない。

名前に村の一字がある者が三人いるが、三浦氏は義村の子や孫はすべて○村の名なので、義村または泰村から村の一字を拝領したと考えられる。このように長尾氏一族は三浦氏と関係が深かったので、法華堂で三浦氏と共に自害したのである。「長尾系図」では景茂の子である新五景能の子景為は本領を没収され、浪人となり、上杉家を頼ったという注記がある。長尾氏は後に上杉氏家臣になっているので、上杉氏を頼ったのは事実である（系図12参照）。

上杉氏は重房が建長四年（一二五二）四月に宗尊《むねたか》親王が鎌倉に下向して将軍となった時に供奉したのが関東での活動の始まりであり、長尾氏が上杉氏を頼ったのはそれ以降と考えられる。南北朝期に長尾氏は上杉氏の重臣であったので、鎌倉後期には家臣になっていたのは確実だが、それが上杉重房の時かは不明である。いずれにせよ，長尾氏は鎌倉後期に上杉氏の家臣となり，いくつかの家に分かれ、戦国時代まで関東で活動した。また、越後守護代を務めた家もあり、その子孫が長尾景虎（上杉謙信）である（系図12参照）。

長尾郷と佐々木氏

長尾郷は宝治合戦後に没収され、佐々木六角氏に地頭職が与えられた。鶴岡八幡宮の若宮供僧が長尾郷地頭備中前司頼綱を訴えたのに対し、幕府は頼綱は在京中だが、子息を代官としているので、子息に尋ねるように命じている（新編追加）。この頼綱は佐々木泰綱の子で、『尊卑分脈』には「使、左衛門尉、備中守」、「延慶三十二廿四死、六十七才」の注記がある。頼綱は六角氏の祖とされ、同氏は戦国時代に至るまで近江守護を務めた（系図13参照）。

建治二年（一二七六）九月三十日付の長命寺（滋賀県近江八幡市）の衆徒宛書状では頼綱は「備中守」と署名している（長命寺文書）。翌建治三年十二月二十七日に幕府は六波羅探題の評定衆に佐々木備中前司（頼綱）を新たに加えた（建治三年記）。これらの官職名により、この訴えは建治二年九月以降に行なわれたことがわかる。頼綱は在京して、近江守護と六波羅探題の評定衆の両方の職務をこなしていた。代官を務めていた子息は頼綱の子だが、特定できない。

また、正和三年（一三一四）十一月二日付の関東下知状は鶴岡八幡宮供僧の良尋が佐々木千手丸による長尾郷小雀村（戸塚区）の年貢未進を訴えた件に関して、下地《したじ》は地頭が進止（支配）しているので、結解《けちげ》（決算）を行った上で納入を命じたものである（相承院文書）。これにより長尾郷の中に小雀村が存在し、地頭が佐々木千手丸であったことがわかる。千手丸は『尊卑分脈』に頼綱の子時信に「正和三十二十四元服、九才」とあり、翌月に元服しているので、時信と推定される。

さらに同年七月十三日付の二通の関東御教書は鶴岡八幡宮領の長尾郷田屋村・金目村（ともに栄区）に対する社役の賦課に関して、社家と供僧との間の相論を裁定したものである（鶴岡八幡宮文書・相承院文書）。田屋村は近世の田谷村、金目村は近世の金井村のことである。

これより前の正安三年（一三〇一）五月十六日付の関東下知状は鶴岡八幡宮の供僧が長尾郷田屋村の一分《いちぶ》地頭加世孫太郎長親が村内の供田八段の年貢未進を訴えた件に関して、以前に出した幕府の命令に違背したので、下地を供僧に与えることを伝えたものである。加世氏は『吾妻鏡』建久元年（一一九〇）十一月七日条の加世次郎など何ケ所に名が見える。先述の宣陽門院所領目録には武蔵国賀勢庄（島田文書）、『北条氏所領役帳』に加世郷とあり、近世の南・北加瀬村（川崎市幸区南加瀬など）にあたるが、この加世氏は同地出身と考えられる。

これらの史料により、長尾郷は鶴岡八幡宮の所領、地頭は佐々木氏で、内部に小雀・田屋・金目の三村があったことがわかる。宝治合戦の時に佐々木泰綱と氏信は長尾景茂を追討するために、長尾氏の屋敷に向かったが、この行為により泰綱に長尾郷地頭職が与えられ、子頼綱が相続したと考えられる。中世には占領した土地を恩賞として与える慣習があったが、この場合も長尾氏の屋敷を佐々木氏が占領したので、その所領である長尾郷が与えられたのであろう。

頼綱の子は『尊卑分脈』によれば、頼明・宗信・盛綱・宗綱・時綱・時信・女子（三善時連妾）がいるので、長尾郷も分割して譲られ、小雀村は時信に譲られたと推測される。田屋村の一分地頭加世氏の所領は供田八段と些少な土地であり、佐々木氏とは別の家なので、婚姻関係により、田屋村の一部を譲られ、一分地頭となったと考えられる。

長尾郷の中心は近世の長尾台村だが、中世史料には長尾台村の村名は見えないので、長尾郷は郷全体を意味する場合と近世の長尾台村を指す場合があったと思われる。永和元年（一三七五）四月に佐々木六角高詮《たかのり》は近江国甲賀郡儀我庄（滋賀県甲賀市）地頭職、相模国長尾郷地頭給分などを儀我五郎に安堵している（蒲生文書）。この時期でもなお長尾郷を佐々木六角氏が所持していたことを物語る。その後、室町後期から戦国前期には長尾氏一族の惣社《そうじや》長尾氏が長尾郷を所持している。佐々木六角氏にとって長尾郷は遠隔地なので放棄し、代わって長尾氏が先祖の墳墓の地を取り戻していたのである。

第四章　金沢北条氏・称名寺と叡尊・忍性

称名寺境内

金沢北条氏と六浦庄

先述したように、宝治合戦の時に北条実時は六浦庄の領主であったが、それは実時の父実泰に遡ると思われる。実泰は義時の子で、『吾妻鏡』の初見は建保二年（一二一四）十月三日条で、この日に元服して相模五郎実義と名乗った。弘長三年（一二六三）九月二十六日に五十六歳で死去しているので、承元二年（一二〇八）生まれとなる。元服はわずか七歳であり、父義時の権勢によって早期の元服が行なわれたと考えられる。その後、貞応二年（一二二三）十月に将軍頼経の近習番を務めた。『吾妻鏡』安貞二年（一二二八）正月三日条では実泰とあるので、これ以前に実義から実泰に改名していた。

実泰は小侍所《こさむらいどころ》別当を務めていた。この役職は将軍の供奉人や将軍主催の行事を差配するのが主たる役務である。「前田本平氏系図」には実泰に「蒲谷」の注記があるが、蒲利谷（釜利谷）のことと思われ、この段階では釜利谷（金沢区）を本拠としていたと思われる。六浦庄の地頭職は建暦三年（一二一三）の和田合戦後、義時が獲得したと推測されている。この年には実泰は六歳であったが、頼経の近習番になった時には十六歳になっているので、この頃に六浦庄の地頭職を与えられ、釜利谷に屋敷を構えたと思われる。

実泰の子実時は元仁元年（一二二四）生まれで、実泰が十七歳の時の子である。天福元年（一二三三）十二月に十歳で元服し、太郎実時と名乗った。父同様に早い元服である。翌年に父同様に小侍所別当となった。建長四年（一二五二）に引付衆、翌年に評定衆になった。建治元年（一二七五）所労により、六浦に籠居し、翌年十月二十三日に五十三歳で死去した。また、後述するように、称名寺（金沢区）と金沢文庫を創設し、多くの書籍を収集した。実時の後は子顕時、その子貞顕、その子貞将《さだゆき》と続いた。『太平記』などに金沢殿・金沢貞顕などとあるので、この系統の北条氏を金沢北条氏と呼んでいる（系図7参照）。

叡尊鎌倉下向と金沢実時

律宗寺院西大寺（奈良市）の長老叡尊《えいそん》は実時の招きにより、弘長二年（一二六二）二月四日に西大寺を出発し、鎌倉に向かった。この時の事を弟子性海が記したのが『関東往還記』である。叡尊は厳しい戒律を重んじる律宗の中興者で、非人・病人の救済や殺生禁断を行っており、その評判を聞いた実時や前執権時頼が叡尊を招いたのである。実時らは叡尊が主導する戒律の実行によって、人々の心に規律を持たせ、社会を引き締めようとしたと考えられる。

叡尊は東海道を進み、二月二十七日に懐島《ふところじま》（茅ケ崎市）で茶を設けた。そこに実時は力者を遣わし、叡尊一行の荷物を運ばせた。夕方に叡尊は鎌倉に到着し、西御門《にしみかど》にある天野景村の屋敷に入った。景村は実時の父実泰の妻の兄弟であり、その関係でひとまず同家に入ったのである。そこに実時が来て、「在家の弟子となり、教えを受けたい。時頼も叡尊様の下向を喜んでいる。鎌倉の近くに称名寺があり、年来不断念仏衆を置いているが、既に止めさせ、叡尊の住む寺として提供する」と述べた。これに対して、叡尊は「この寺は既に多くの寺領があり、しかも自分のために念仏衆を止めるのは素意に背くので辞退する」と述べた。これに対して、実時は「仰せの旨は清浄甚深であり、よいように取り計らいます」と述べ、退出した。

この記述により、以前から称名寺（金沢区）が存在し、念仏衆がいるので浄土系の寺であったことがわかる。創建時期は諸説あるが、年来とあるので、創設から一定の年月が経過していると思われる。

清凉寺式釈迦如来像の造立

翌二十八日に実時は一族を集めて鎌倉中の無縁寺を探索させ、新清凉寺《しんせいりようじ》（現在は廃寺）を推薦し、叡尊は承知した。同寺は亀谷（鎌倉市）にあり、京の清凉寺（京都市）にある釈迦如来像を模刻した像があったと推測されている。この像は釈迦の在世中にインドで造立され、中国に伝わったとされている。それを宋に渡った奝然《ちようねん》が見て、寛和元年（九八五）に模刻させ、翌年に持ち帰り、その死後に弟子によって清凉寺の本尊にされた。この像は特徴ある造形をしており、平安時代以降多くの模刻像が造られ、清凉寺式釈迦如来と呼ばれ、全国各地に約百体が現存している。

叡尊は建長元年（一二四九）に清凉寺の釈迦如来を模刻させ、西大寺に迎えている。その後、各地の西大寺系の律宗寺院でも模刻像が安置された。鎌倉の新清凉寺は叡尊が来る前から存在していたが、誰が建立したかは諸説ある。称名寺にも清凉寺式釈迦如来像があり、胎内銘から徳治三年（一三〇八）に院保など院派仏師が造立したことがわかる。院派は平安後期以降、京にあった造仏所を中心に活動した仏師の一派で、名前に院の一字が付く者が多い。以下で見るように、称名寺は真言律宗の寺であったので、西大寺にならって、この像を造立したのである。

　市域には荏田（青葉区）の真福寺にも清凉寺式釈迦如来像がある。『武蔵風土記稿』では同寺境内の釈迦堂に釈迦立像があると記されている。同寺は元は大山街道（矢倉沢往還）の荏田宿の一角にあったが、大正年間に現在地に移っている。この像は西大寺律宗系の像とは異なる特徴があり、十三世紀前半まで遡る可能性があると指摘されている。この像に関して、鶏足寺《けいそくじ》（栃

釈迦如来立像　称名寺所蔵（神奈川県立金沢文庫保管）

釈迦如来立像　真福寺所蔵　写真提供：横浜市教育委員会

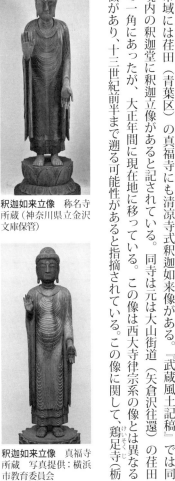

木県足利市）の僧が鎌倉の二階堂から背負ってきたが、荏田で死去し、土地の者が釈迦堂を建立・安置したという伝承がある。鶏足寺は元は顕密兼学の寺院であったが、建長年間に住持の頼尊が下野薬師寺（栃木県下野市）の慈猛《じみょう》の弟子となり、真言密教寺院に改められたという（角川地名大辞典）。慈猛は後述するように、称名寺の初代長老審海の師匠であり、鶏足寺も律宗と関係が深いので、この伝承は興味深いが、実際の伝来過程は不明である。

翌二十九日に叡尊は近くにある中原師員の後家（亀谷禅尼）の家を借りて（感身学正記）、宿坊としたが、これも実時が差配したものであった。この宿坊は北舎と呼ばれ、多くの人が訪れた。二月晦日には時頼の正室や実時一族などが叡尊の説戒を聴聞した。三月七日には実時の子実村、同月十二日には実村の弟篤時が叡尊を訪ねた。

三月十四日に忍性《にんしょう》が三村寺《みむらじ》（三村山極楽寺、茨城県つくば市）から鎌倉に来た。忍性は叡尊の弟子で、既に建長四年（一二五二）に関東に下向し、常陸の筑波山近くの極楽寺に入り、そこを拠点として、常陸に般若寺（茨城県土浦市）などの律宗寺院を成立させていた。後に忍性は鎌倉の極楽寺を開創し、道路や橋の建設、非人や病人の救済を行なった。

実時一族の叡尊への帰依

実時周辺の女性もこの記録に見える。同月二十一日に叡尊の僧堂は実時の本妻の家に移った。

この堂は南舎と呼ばれ、亀谷禅尼の家と同じ亀谷にあった。この本妻は北条政村（義時の子）の娘で、顕時を生んでいる。七月十八日には本妻が北舎で、叡尊から斎戒《さいかい》を受けている。斎戒は戒律を授けられ、以後は戒律の規定により身を慎むことを意味する。本妻は『吾妻鏡』にも見え、建長八年（一二五六）九月には赤斑瘡（はしか〈麻疹〉類似の病気）にかかっていた。

一方、七月二十九日に実時の旧妻で実村・篤時の母が叡尊の所に来た。この時点では実時と離婚していた。旧妻の父について、細川涼一氏は『関東往還記』に乗台が実時の外舅とあることから、称名寺別当乗台の可能性を指摘している。このように実時には旧妻と本妻がいたが、本妻の子顕時が嫡男であった。これは本妻の父が連署である政村であり、家格が高かったためである。これに対して、旧妻の父は政村より家格が低かったので、実村や篤時は家を継げなかった。『吾妻鏡』に二人の名が見えないのは庶子なので、幕府の公的な行事に参加できなかったためであろう。

こうした点はともあれ、実時の一族は叡尊に帰依していた。だが、顕時の名は『関東往還記』に見えず、叡尊と接触していない。この点は何らかの理由があると思われるが、明確ではない。その後、四月五日には実時の師清原教隆《のりたか》、八日に実時が叡尊から斎戒を受けた。

四月十一日には観證は叡尊の講義を数日間聴聞して、殺生の罪を恐れ、所領内では漁猟《ぎょりょう》の得分（収入）が多いが、漁猟を禁止すると申した。これは殺生禁断で、漁業・狩猟などを禁止するものであり、こうした生業に従事する人々にとっては抑圧的なものであった。既に叡尊は各地で殺生禁断を実行していた。観證は菅原宗長のことで、実時の後見であった。観證は実時の学問の師であり、色々な助言をしていたので、後見と認識されたのだろう。

以後も多くの人が叡尊の講義を聴聞し、斎戒や菩薩戒を受け、自領内における殺生禁断を誓った。その内訳は北条氏一族・御家人とその妻、各家の女房、将軍宗尊親王の近臣や女房などであり、女性も数多い。さらには鎌倉以外からも人々が押し寄せ、熱狂的な叡尊に対する帰依が起きていた。また、将軍宗尊親王も殺生禁断を受容していた。その後、叡尊は八月十五日に西大寺に戻った。

真言律宗寺院称名寺の成立

その後、実時は称名寺を真言律宗に改宗することを図り、忍性に住僧の派遣を依頼した結果、審海を推薦した。審海は再三辞退したが、忍性の説得に応じ、文永四年（一二六七）九月下旬に称名寺に入った。これ以前に審海は下野薬師寺にいた。薬師寺の開創時期は諸説あるが、天武天皇の頃と考えられている。同寺は東大寺（奈良市）、筑前の観世音寺（福岡県太宰府市）と共に三戒壇の寺であった。戒壇《かいだん》とは戒律を授ける儀式を行うために設けた壇のことである。十一世紀頃には衰えたが、叡尊などによる戒律復興運動の影響が及び、慈猛が長老となり、戒壇を再興し、関東の律・真言密教の拠点となった。以前から忍性は戒律復興を推進している慈猛と交流があり、審海を知っていたと考えられる。

慈猛は文永元年四月に薬師寺で審海に伝法灌頂を行なっている（金沢文庫文書）。審海は称名寺入寺後の文永八年正月に賢静から意教流の伝法灌頂を受けた（金沢文庫文書）。意教流とは密教の流派の一つで、頼賢（意教）に始まる醍醐寺の三宝院流の分派である。この流派は特に関東に広がり、慈猛もこの流派を受け継いでいた。

称名寺赤門

審海はこれ以外にも多くの密教の法流や唐招提寺長老の覚《かく》盛《じょう》に始まる律の法流を受け継いでいる。覚盛は唐招提寺（奈良市）の中興者とされ、戒律復興に尽力したことで知られている。その流れは覚盛―願行房―審海―禅恵―釼阿《けんあ(けんな)》と続いている（関東往還記裏書律系譜）。釼阿は次に述べるように称名寺二代長老になった僧である。

また、実時は大檀那として称名寺の鐘を鋳造させた。その鐘銘には文永六年仲冬（十一月）七日とあり、父母や結縁人のため、正覚《しょうがく》（真の悟り）を得るために鐘を鋳ったなどと記されている。その後、この鐘は壊れたため、顕時によって正安三年（一三〇一）に改鋳された。鐘銘には審海と鋳物師の物部国光・同依光の名がある。物部氏は河内国丹南郡（大阪府堺市など）を本拠とする鋳物師で、関東に下向して、多くの鐘を作った。物部国光は正応五年（一二九二）に相模国分尼寺（海老名市）、永仁六年（一二九八）に杉田の東漸寺、称名寺の改鋳と同年に円覚寺の鐘を鋳造している。また、証菩提寺の旧蔵の鐘銘には文保二年（一三一八）四月に物部依光が鋳造したとある。

称名寺の本尊の弥勒菩薩立像には建治二年（一二七六）の銘があり、実時の発願によるものと考えられている。このように本尊と鐘が整備され、称名寺は確立したのである。その後、元亨三年（一三二三）には称名寺絵図が作成され、境内の建物などの様子がよくわかる。

二代目長老釼阿の活動

審海は嘉元二年（一三〇四）に死去したため、金沢貞顕は釼阿に長老への就任を要請したが辞退され、寺内の僧も不和になり、称名寺は混乱していた。だが、貞顕は再度釼阿に要請した結果、釼阿は承諾し、延慶元年（一三〇八）に二代目長老となった。釼阿が弘安三年（一二八〇）十月に称名寺弥勒院で書写した聖教があるので、この頃には称名寺に入っていた。弥勒院とは弥勒菩薩像を安置した堂である。

釼阿は律の法流を禅恵や鎌倉の東栄寺開山源俊から受けている（関東往還記裏書律系譜）。東栄寺は名越（鎌倉市）にあった律宗の寺である。また、意教流など密教の様々な法流を受け継ぎ、後に称名寺長老第三代となる湛睿《たんえい》や第四代実真、多くの聖教を収集したことで知られる熈允《きいん》など多くの僧に伝授している。

釼阿は多数の聖教・仏書・和書を書写している。その一つに『日本書紀』の神代《じんだい》巻があり、嘉暦三年（一三二八）に建長寺で自ら写したものである（水戸彰考館所蔵）。釼阿は貞顕と親しく交流し、金沢文庫文書には貞顕が釼阿に充てた書状が多く残されている。幕府滅亡後も長老を務め、暦応元年（一三三八）十一月に七十六歳で死去した。

佐江戸郷における殺生禁断と北条時広

叡尊に帰依した人々は自己の所領を殺生禁断とした。七月晦日には北条越前守時広の妻が武蔵国佐江戸郷（緑区）を殺生禁断とする文書を叡尊に捧げている（関東往還記）。佐江戸郷は恩田川と鶴見川の合流地点の東側にあり、南を鶴見川が流れている。佐江戸は塞の神《さえ》（道祖神）と同じ意味と思われる。塞は「さえぎる」の意味で、塞の神は悪霊が村内に侵入するのを防ぐために村境・峠・辻など境界的な場所に祀られる神である。佐江戸郷は川の合流点という境界的な場所であることから生まれた地名であろう。この付近を鶴ケ峰・中山から川和・荏田に向かう鎌倉中道が通っていたと推測する説もある。

「前田本平氏系図」では時広は北条時房の子時村の子である。その時村の弟資時（相模三郎資時入道）の娘が時広の妻であり、夫妻は従兄弟である。『関東往還記』には時広とその妻に関する記載が他にもある。三月二十六日に時広の所望により、忍性が家に向かい、妻子など家人に斎戒を授けている。叡尊は高齢であり、色々な所に出向くのは困難なので、忍性が代理を果たしていたのである。四月十八日と七月七日にも時広は叡尊を訪ねた。五日後の十二日にも叡尊を訪ね、菩薩戒を受けると述べている。このように時広夫妻は戒律に熱心であり、所領の佐江戸郷を殺生禁断にすることを誓ったのである。

佐江戸郷は武蔵国都筑郡にある国衙領であった。武蔵国は関東御分国であり、将軍が知行国主で、武蔵守は鎌倉前期の途中から代々北条氏が務めた。よって、武蔵国の国衙領は北条氏の差配により、北条氏一族や家臣に優先的に郷単位に所領を与えていたと思われるが、後述するように北条氏以外の御家人や寺社にも与えられていた。佐江戸郷は川の合流点であり、鎌倉中道が通る重要な場所なので、北条氏一族の所領が設定されたと考えられる。

渋川氏と佐江戸郷

その後の佐江戸郷に関しては次の史料がある。正応二年（一二八九）十一月に「りやうしょう」

は譲状を作成し、但馬国太田庄下保下方と同庄赤花村（兵庫県豊岡市）、武蔵国都筑郡佐江戸郷の四分（の）一を娘の「とよかめ」に譲っている（以下、賀上文書）。その七年後の永仁四年（一二九六）八月十八日にある人物は譲状を作成し、武蔵国大麻生郷（川崎市）・常陸国大串郷・但馬国太田庄下保下方と同庄赤花村は故殿から譲られていたが、故殿の供養のために三郎に譲ると述べている。さらに正安某年三月付の将軍家（惟康《これやす》親王）政所下文は亡母平氏の永仁四年八月十八日付の譲状によって、源貞頼が譲られた武蔵国大麻生郷・同国佐江戸郷四分（の）一・常陸国大串村・但馬国太田庄下保下方と同庄赤花村を安堵している。

系図15【渋川氏系図】

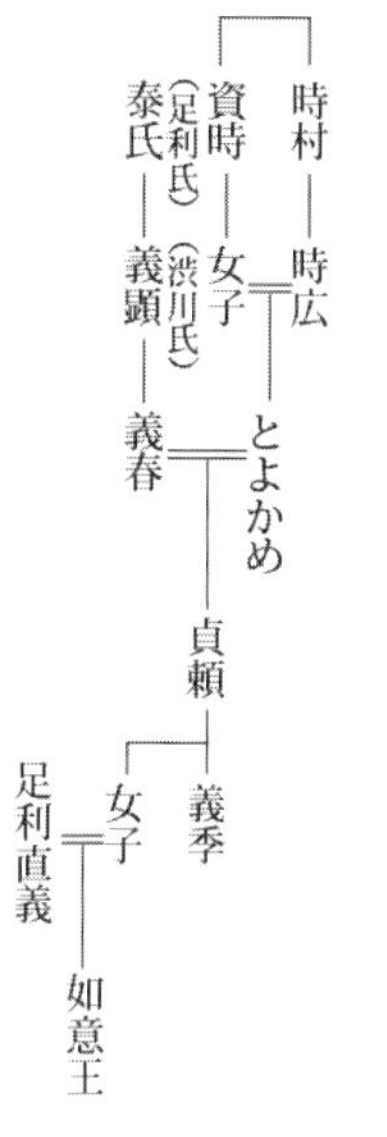

この下文には執権北条貞時と連署大仏宣時が連署しているが、ともに正安三年（一三〇一）八月に辞職している。また、永仁七年四月に正安元年に改元されているので、この下文は翌二年または三年のものとなる。下文は御家人から提出された譲状に基づいて、所領を安堵するものである。これら三つの文書のうち二つに佐江戸郷が見えるが、どのような経緯で

相続が行なわれたのだろうか。

下文に見える貞頼は足利氏の一族渋川貞頼のことである。渋川氏は足利泰氏の子義顕に始まり、上野国渋川郷（群馬県渋川市）を本拠としたので、渋川氏を名字とした。足利氏の惣領は泰氏の子頼氏が継ぎ、家時・貞氏・尊氏と続く。『尊卑分脈』には義顕の子義春に母が平為時の女、文永九年（一二七二）三月に佐渡に配流され、翌年に召し返されたという注記がある。同年二月には六波羅探題南方の北条時輔が謀叛を図ったとして、北条義宗に殺害された事件が起きている。時輔は時宗の庶兄であり、時宗の権力を脅かす者として警戒されていた。前年には元の国書が届いており、幕府内でも不安が高まっており、そうした不安を払拭するために時輔を殺害し、時宗の権力を磐石にしたのである。渋川義春はこの事件の翌月に流罪になっているので、時輔の関係者として、処罰されたのであろう。義春の母の父平為時は北条重時の子為時と思われる。為時の兄長時の子が時輔を殺害した義宗であり、義春は北条氏と密接な関係があった。

『尊卑分脈』には義春の子貞頼に彦三郎、母越前守時広女という注記がある。時広は先述したように佐江戸郷の領主である。この注記や譲状・下文により、次のようなことが推定できる。「りやうしょう」は北条時広の妻（資時の娘）で、娘の「とよかめ」に佐江戸郷の四分の一を譲った。元々は時広が佐江戸郷全体を所領としていたが、妻にその四分の一を譲った。その娘「とよかめ」は渋川義春の妻となり、永仁四年八月に譲状を作成し、三郎に故殿つまり夫の義春から譲られた所領を子貞頼に譲った。この譲状には佐江戸郷の四分の一の記載はないが、これは義春ではなく、母から譲られた所領なので、記載されなかったのであろう。だが、下文には佐江戸郷が見えるので、別に譲状を作成して「とよかめ」は貞頼に佐江戸郷を譲ったと考えられる。

このように佐江戸郷の四分の一は北条時広の娘が渋川義春の妻になったことで、その子貞頼に伝えられた。その後、元亨四年（一三二四）四月に貞頼は譲状を作成し、子義季に上野国渋川湯上・但馬国太田庄下保下方を譲っている（賀上文書）。この譲状には佐江戸郷が見えないが、譲状には「三郎義季分」とあるので、別に譲られた人物がいたことになる。

足利直義の妻になった渋川貞頼の娘

『尊卑分脈』には貞頼の娘、つまり義季の妹に直義卿室という注記がある。直義卿は足利尊氏の弟直義のことである。佐江戸郷の四分の一は時広の妻、その娘、貞頼の順で相続されたが、元々女系によって相続されていたので、貞頼は足利直義の妻になった娘に譲ったと推測される。

義季の子直頼は観応三年（一三五二）六月に譲状を作成し、金王丸（義行）に上野国渋河郷・武蔵国大麻生郷など多くの所領を譲ったが、それには佐江戸郷は見えないので、やはり同郷は貞頼の娘に譲られたと思われる。直義と貞頼の娘の間には貞和三年（一三四七）六月になってようやく男子が生まれ（園太暦《えんたいりゃく》）、如意王と名付けられた。これを『太平記』では天狗が世を乱すために、女人不犯である直義の妻の腹に直義が殺害した後醍醐天皇の子護良《もりよし》親王を生まれ変らせようとしたとしている。

だが、観応二年二月二十五日に如意王はわずか五才で死んだ。この直前に直義は足利尊氏・高師直との戦いに勝利し、講和の条件として師直・師泰兄弟は出家していた。そして、如意王の死の翌日に師直・師泰兄弟など高氏一族は摂津武庫川（兵庫県伊丹市）で殺された。直義は高師直らを打倒したが、代わりに子を失ってしまった。悲しみに暮れた直義は二か月後の四月八日に如意王の追善のため、但馬国太田庄の秦守を臨川寺三会院《さんえいん》（京都市）に寄進した（臨川寺重書案）。

先述したように、但馬国太田庄下保下方と同庄赤花村は北条時広の妻から娘に譲られていた。この秦守は太田庄下保下方の一部と見られるので、実際には直義の妻が父渋川貞頼から譲られた所領であったと考えられる。直義の妻は子の菩提を弔うために、自己の所領の一部を寄進したが、表向きは直義が寄進したことにしたと考えられる。だが、直義は翌年二月二十六日に死去した。『太平記』では尊氏が鴆毒《ちんどく》で毒殺したとするが、死の原因は諸説ある。その後の妻の動向は不明だが、直義の死後も佐江戸郷の四分の一を所有していた可能性はある。とは言え、子供がいないので、死後には室町幕府に没収されたと考えられる。

一方、佐江戸郷の四分の三は時広から子に伝えられたはずである。当然、幕府滅亡後に没収されたが、その後の領主は不明である。戦国時代の佐江戸の領主は猿渡氏である（北条氏所領役帳）。

立川流と称名寺

称名寺に伝わる聖教『瑜祇瑜加経口伝』には弘鑁《こうばん》という僧が記した注記がある。弘鑁は立川流に近い僧とされ、この注記には立川流《たちかわりゅう》につながることが書かれている。立川流とは真言宗の流派の一つで、邪教として有名である。この流派の起源や展開に関しては諸説あり、醍醐寺三宝院の仁寛《にんかん》が平安後期に始めたという説があるが、疑問とされている。また、後醍醐天皇の帰依を受けた文観（弘真）が立川流を大成したと言われてきたが、近年は否定的である。文観は西大寺流律宗の僧であったが、醍醐寺報恩院の道順から授法を受けており、醍醐寺流の真言密教僧でもあった。

『沙石集』巻第六（無住が記した鎌倉中期成立の説話集）には近年は変成就という真言の法を行なう邪法を非難する記述があり、邪法は立川流を指すと推測されている。釼阿が記した聖教の一節に立川流とある（金沢文庫文書）。また、文永九年（一二七二）に心定が記した『受法用心集』に「立川の一流」「立川の折紙」とあり、鎌倉中期頃に流派として確立していた。称名寺には立川流に関連する印信《いんじん》が残されている。釼阿は審海と東栄寺の源俊から立川流の灌頂を受けている。また、女仏という尼僧と推定されている僧が了印から受けた印信が計十七通ある。この印信は文永十二年（一二七五）に秘密灌頂・瑜祇灌頂・舎利灌頂などを伝授したものので、瑜祇灌頂・舎利灌頂は立川流の灌頂と推測されている。このように、称名寺にも立川流が入り込んでいた。

立川流は簡単に言えば、男女の交接により（赤白二諦《にてい》）、即身成仏の境地に達することができると説く法流で、金剛界・吽《うん》・父（白骨）を男性、胎蔵界・阿・母（赤肉）を女性とする。赤白二諦は『摩訶止観』（隋代の仏教書、天台宗の基本書）に「赤白二諦和合」とあり、母の精である「赤諦」と父の精である「白諦」が和合して子が生まれることを意味する。『沙石集』巻第六にも「赤白二諦ノ中ニ入テ、子ト孕レ侍リ」とあり、仏教用語として以前から使用されていた。

この男女の結合を具現化した像に聖天（大聖歓喜天）像がある。この像は単身像と双身像があり、後者は首より上は象、体は人で互いに抱き合っている。双身の聖天像の絵は『覚禅抄』にある。同書は鎌倉初期に覚禅が記した仏教書で、各種の修法などを記し、様々な仏の図像を描いたもので、称名寺にも写本がある。よって、この像は古くから知られていたことになる。

この像は夫婦和合・子宝・商売繁盛の霊験をもたらすものとして現在も信仰を集めている。各地に聖天を祀る寺があり、生駒聖天（宝山寺、奈良県生駒市）、浅草（東京都台東区）の待《まつ》乳山《ちやま》聖天、妻沼《めぬま》聖天（埼玉県熊谷市）が特に有名である。一般に聖天像は秘仏として厨子に納められ、公開されていない。この信仰では聖天供として本尊に酒・大根・歓喜団《かんぎだん》などを供える。大根は性器を意味すると考えられ、男女の交接を教義とする立川流を象徴している。歓喜団は米粉を練って小豆の餡などを入れた菓子で、巾着形をしている。本来は歓喜丸《かんぎがん》と呼び、五穀・蜜・薬草・薬果をこねて作った食物で、大聖歓喜天に供えたので、この名がある。

この信仰が一般化したのは近世だが、中世に原型が存在していたと見られる。その元になるのが聖天供という密教の祈祷の一種で、吉凶禍福を祈り、現世利益を得るため、平安時代から朝廷などで行なわれていた。この聖天供を後醍醐天皇は元徳元年（一三二九）に幕府調伏のため、自ら行っている（金沢文庫文書）。百瀬今朝雄・網野善彦氏はこれを文観の影響によると推測している。先述したように文観が立川流を大成したとする伝承があるが、立川流の教義と聖天供や聖天像は照応する点がある。また、真鍋俊照氏は聖天像が立川流の教義に影響を与えたと推測している。

宝戒寺と弘明寺の聖天像

鎌倉の宝戒寺（天台宗）の本堂脇の堂に聖天像が安置されている。この像は高さ約一五〇センチで、鎌倉後期製作と推定されている。建武二年（一三三五）三月の足利尊氏寄進状によれ

弘明寺聖天堂

弘明寺聖天堂
絵馬

ば、同寺は北条高時の屋敷跡に高時などの霊を弔うために後醍醐天皇が足利尊氏に建立を命じたものである（宝戒寺文書）。宛名は円頓宝戒寺上人で、円観恵鎮《えんかんえちん》のことである。

円観は後醍醐天皇の倒幕計画に文観とともに参加し、幕府呪詛の秘法が露顕して、元弘元年（一三三一）に陸奥に配流になった（太平記・鎌倉年代記裏書）。幕府滅亡後、帰京して京の法勝寺《ほっしょうじ》の住持になったが、尊氏が建武政府に反した後は足利方の僧として活躍した。貞和三年（一三四七）八月に円観は弟子の惟賢《ゆいけん》（宝戒寺方丈）に円頓戒《えんどんかい》（天台宗で受持する大乗戒）を東国に広めることを命じ、翌年十一月には領主吉良満義が宝戒寺の敷地を寄進したことを知らせている（宝戒寺文書）。これにより、宝戒寺が実際に建立されたのは貞和四年（一三四八）以後で、実質的な開山は惟賢となる。先述の聖天像は鎌倉後期の製作なので、惟賢が別の場所から運ばせたと考えられる。円観が行った秘法の中には聖天供があったはずであり、その効験を強めるために聖天像を製作し、それを惟賢が宝戒寺に運んだとも考えられる。これは全くの推測だが、宝戒寺の聖天像の由来は追究すべき課題である。

弘明寺（南区）にも聖天像がある。先述した明応五年（一四九六）の勧進帳に大聖歓喜天像が見えるので、戦国前期以前の製作なのは確実である。本堂の左側にある階段を登ると大聖歓喜天像を納めた堂があり、赤い縦長の幟が立てられている。幟には白字で大聖歓喜天、上部に白地の×形に交差した二つの大根と巾着が染められている。赤白の組み合わせは立川流の教義である女性の赤、男性の白を示したものであろう。また、巾着形の絵馬も奉納されている。巾着は歓喜団を形態化したもので、同時に金がたまる事を祈願するものである。

この像が弘明寺に安置された契機は不明だが、次のようなことが考えられる。弘明寺は先述したように源氏の祈願所であり、真言密教の祈祷を行なっていた。中でも聖天供は効験があるので、盛んに行なわれており、それを具現化した聖天像が製作されたとも考えられる。また、現世利益をもたらす聖天供の祈祷が発展して、聖天信仰が弘明寺周辺の人々の間で広まり、聖天像が製作されたとも考えられる。永禄十年（一五六七）十月の弘明寺充の北条氏朱印状によれば、多くの参詣者があり、門前では商売が盛んであったことが窺える（弘明寺文書）。こうした状況は戦国時代以前からあったと見られ、弘明寺は人々の信仰を集めるために、聖天像を製作して聖天信仰を取り込み、寺の繁栄を図ったとも考えられる。

瀬戸入海の殺生禁断

実時は文永十年（一二七三）三月に世戸（瀬戸）堤内入海における殺生禁断を命じ、違犯《いぼん》する者がいたら政所に知らせることを定めた（以下すべて金沢文庫文書）。翌月に左衛門尉俊氏がこの命令を守ることを誓約する請文を提出した。現在、瀬戸神社と東側の洲崎の間に瀬戸橋があるが、それより北側はかつては入海であり、それを瀬戸堤内入海と呼んでいた。瀬戸堤とは入海の外側にあった堤防と思われ、その規模は不明だが、入海は大雨などの際に水が溢れる危険があるので、防止のための堤防が修築されていたと考えられる。

殺生禁断は延慶四年（一三一一）三月に貞顕も行っている。貞顕は釼阿に称名寺内の山木山畠と金沢瀬戸内海殺生禁断に関する事書を進上し、この点を政所と給主に伝えたと述べている。事書の内容は禁断に違犯した者の中で、御恩の者は小規模な土地を没収、御恩がない者や百姓は追放、凡下《ぼんげ》は身柄を召し捕るというものであった。他に貞顕が袖判を加えた奉書が出され、事書の内容を金沢・富田の給主などに伝えることを命じている。

給主とは六浦庄内の金沢郷や富田郷の地頭代に任命された金沢北条氏の家臣を意味する。富田郷に関しては、正慶元年（一三三二）二月十六日に金沢貞将が釼阿に出した文書に六浦庄富田郷などを称名寺に寄進するとあり、富田郷に今は蒲里谷（釜利谷）と称すという注記がある（金沢文庫文書）。これを根拠に富田郷を釜利谷とする説があるが、元弘二年から正慶への

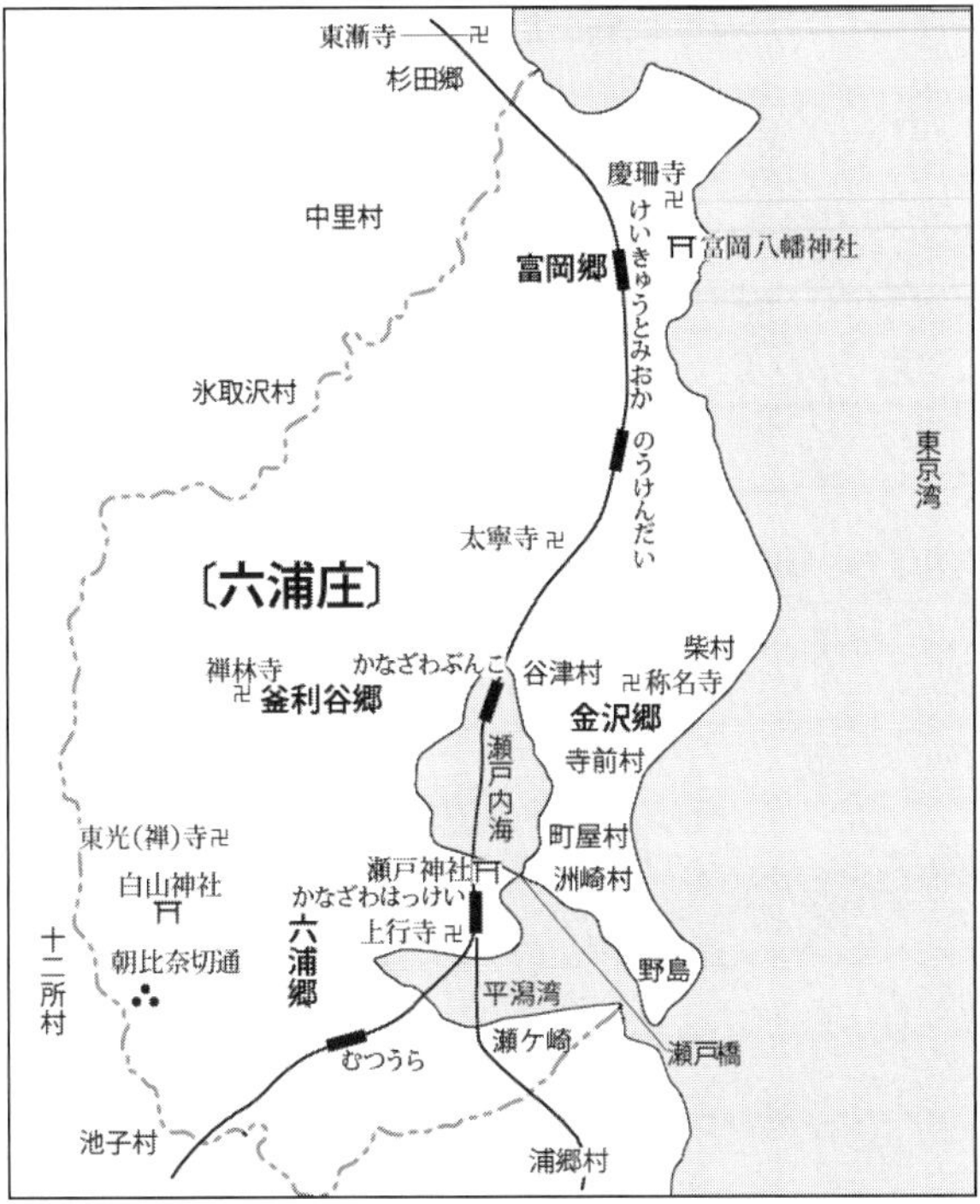

地図 12　埋立前の六浦庄内の郷村と寺社

改元は四月二十八日であり、花押もこれ以前に使用していたものなので、この文書は偽文書と考えられている。

六浦庄には金沢・六浦・釜利谷・富岡の四つの郷があった。釜利谷と富岡の初見はともに次に述べる嘉元三年（一三〇五）の瀬戸橋棟《むな》別銭《べつせん》造営注文である。富田郷は富の字が共通する点から富岡と思われるが、検討の余地がある。瀬戸内海の殺生禁断は内海沿岸にある金沢・釜利谷・六浦郷が対象となるが、近隣から内海に来て漁業を行なう者もいるので、金沢・釜利谷郷の北にある富岡郷にも命じる必要がある。よって、富田郷が富岡郷であってもおかしくはない。

政所は六浦庄全体を統括する役所で、六浦郷にあったと見られる。以前からの殺生禁断は守られていなかったので、罰則規定を設けて、実効性を確保しようとしたのであろう。御恩の者とは金沢北条氏の家臣、御恩がない者は家臣以外の武士、凡下は百姓以外の身分の者のことで、身分別に罰則内容を変えている。また、瀬戸入海から瀬戸内海に変わっているが、同じである。

瀬戸内海では周辺の百姓が漁業を行っており、殺生禁断は百姓の生活を圧迫するものであった。また、称名寺の境内地の山には畠があり、草木の採取が行なわれ、百姓の生活に不可欠であった。そのことは貞顕も承知していたであろうが、それでも殺生禁断を断行したのである。勿論、内海以外は殺生禁断ではないので、平潟湾や東京湾では漁業をすることはできた。

瀬戸橋の造営

金沢北条氏の本拠金沢郷から六浦郷に行くには洲崎と瀬戸の間で距離は短いが、海を渡る必要があった。勿論、そこには渡し船があったはずだが不便である。この不便を解消するために、貞顕は嘉元三年（一三〇五）四月に瀬戸橋の造営を開始し、その費用として金沢北条氏の所領に棟別銭を賦課した（金沢文庫文書）。棟別銭は家一軒ごとに賦課される税で、鎌倉後期には一軒につき十文が標準であった。所領ごとに徴収予定額と朱で書かれた実際の徴収額が明記された文書があり、下河辺新方・野方（埼玉県北東部周辺）、大石和（山梨県笛吹市）、印西《いんざい》（千葉県印西市）、埴生《はぶ》庄（千葉県成田市）、六浦庄、金沢、富岡、蒲里谷、北郡（茨城県石岡市）、大倉・石村（ともに長野市）とあり、これらが金沢北条氏の所領であった。

瀬戸秋月　国立国会図書館ウェブサイトから転載

　棟別銭の徴収額から家数の多少が推定できる。六浦庄（六浦郷）は七貫六百文、金沢は五貫四三〇文、富岡は一貫二百文、蒲里谷（釜利谷）は二貫三十七文なので、六浦郷が最も家数が多く、金沢郷がそれに次いでいた。一軒あたり十文ならば、六浦は七六〇軒、金沢は五四三軒、富岡は一二〇軒、釜利谷は二〇三軒となるが、多すぎるので、一軒あたりの賦課額は十文の数倍で、家数はもっと少なかったと思われる。

　金沢郷は近世の寺前・谷津・柴・洲崎・町屋村にあたる。寺前村には称名寺や金沢北条氏の館があった。洲崎村は文字通り砂州の先端にあり、瀬戸の対岸で港があった。町屋村は

金沢文庫印（『たまきはる』から）

文字通り町屋がある都市的な場であった。六浦・金沢両郷は六浦庄の中心で、港や町屋があったので家数が多かった。釜利谷が富岡の二倍なのは釜利谷の方が面積が広いので、それに比例して家数が多いと考えられる。近世初期の石高は釜利谷村が六八八石余、富岡村が三〇二石余で、約二倍であり、棟別銭の比率とほぼ同じである。その後、文保三年（一三一九）に瀬戸橋が新造されたが、その後も度々破損し、文和二年（一三五三）にも建造された。

金沢実時による書籍収集と金沢文庫の成立

実時は学問を好み、多くの書籍を収集し、自らも筆写に励んだ。『伝法灌頂雑要抄』には正嘉二年（一二五八）に六連庄金沢村の実時の堂廊で受法したとある。この堂は金沢にあった称名寺の前身で、近くに実時の館があったと考えられている。実時の館は現在金沢文庫がある谷を御所ケ谷と呼ぶので、この付近にあったと推測されている。また、釼阿や貞顕の書状に文庫という名称が見えるので、書籍を納める建物が金沢氏の館内に独立して存在した（金沢文庫文書）。

書籍には長方形の枠内に「金沢文庫」とある黒印が捺されているものがあるが、印があるのは一部で、偽印も多いので注意が必要である。一般に書庫を金沢文庫、収集された本を金沢文庫本と呼んでいる。書籍の奥書には書写した日時・人物・場所などが記され、伝来の由来がわかる。書籍は中国書・和書・仏典など様々なジャンルにわたっている。

金沢文庫本は金沢氏一族や称名寺の僧が書写・収集した書籍が中心である。実時が書写したものに『類聚三代格《るいじゅうさんだいきゃく》』(東山文庫所蔵)があり、文永三年(一二六六)正月の書写である。同書は平安中期の法制書で、三代格(弘仁・貞観・延喜)の記事を事項別に分類したものである。また、『斉民要術《せいみんようじゅつ》』(蓬左《ほうさ》文庫所蔵)を文永十一年(一二七四)三月に書写している。同書は現存する完本としては最古の中国の農書である。

実時の後は孫貞顕により多くの書籍が収集されたが、金沢北条氏は滅亡し、文庫は称名寺が管理することになった。だが、称名寺は外護者を失い、寺領が武士によって押領され、次第に衰微していった。その後、金沢文庫本は上杉憲実・太田道灌・北条氏康・豊臣秀次・徳川家康・前田綱紀などにより持ち出されて散逸し、現在は宮内庁書陵部・国立公文書館など様々な機関や個人が所蔵している。一部は称名寺に残されたものもあり、神奈川県立金沢文庫で管理している。

金沢顕時の経歴

実時の跡は子顕時が継いだ。『吾妻鏡』の初見は正嘉元年（一二五七）十一月二十三日条で、時頼の館で十歳で元服し、越後四郎時方と名乗ったとある。加冠（冠を付ける役割）をしたのは七歳の時宗で、実質的な烏帽子親として、時の一字を与え、時方と名乗らせたのである。翌正嘉二年元旦の椀飯《おうばん》に父実時と共に参加し、幕府の公的行事へのデビューを果たした。その後は将軍の供奉人として、その名がよく見える。文応元年（一二六〇）には顕時に改名しているが、理由は不明である。翌年正月九日には故障があった父実時の代わりに小侍所の奉行役を務めている。その後、文永六年（一二六九）に引付衆、弘安元年（一二七八）に評定衆、弘安三年十一月に父実時と同様に越後守、翌弘安四年十月には四番引付頭人となり、順調に出世を果たした（関東評定衆伝）。

顕時が筆写した書籍には『小学書』（旧安田文庫）があるが、戦災で焼失した。他に大休正念が弘安六年に刊行した『伝心法要』の資金援助をしている。大休正念は南宋から時宗の招きにより、来日した禅僧で、建長寺・円覚寺を歴任し、浄智寺（鎌倉市）を創設した。この点から顕時は禅に関心を寄せていたと思われる。その二年後に霜月騒動が起き、顕時は配流されるが、この点は後述する。

第五章　蒙古襲来から鎌倉幕府滅亡

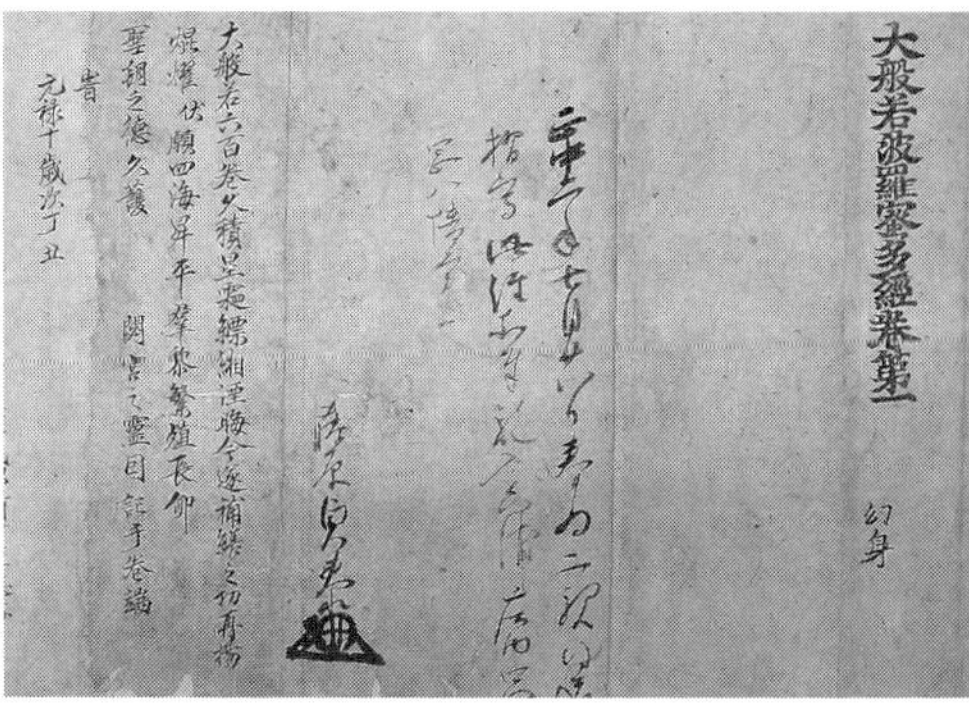

大般若波羅蜜多経　巻第一
慶珊寺所蔵　写真提供：神奈川県立金沢文庫

一遍の鎌倉入りと永作

この頃、蒙古（モンゴル）は中国北部を征服し、一二七一年には国号を元とし、高麗を服属させ、日本に朝貢を促す使者を送ってきた。だが、時宗は拒否したため、文永十一年（一二七四）十月に元・高麗軍が来襲したが退却した（文永の役）。その後、弘安四年（一二八一）六月に元・高麗軍は再度来襲したが、閏七月一日に暴風雨が起こり壊滅した（弘安の役）。この時期には叡尊・忍性・日蓮・一遍という宗教家が盛んに活動したが、その背景には蒙古襲来などによる社会不安の高まりがあったと思われる。

翌年に一遍は鎌倉に入ろうとした。一遍は時宗《じしゅう》の宗祖で、熊野権現の神託により南無阿弥陀仏の六字名号に関する啓示を受け、全国を遊行して踊り念仏を行った。その生涯を記した絵巻が『一遍聖絵』（一遍上人絵伝）で、詞書もあり一遍の活動がわかる（遊行寺〈藤沢市〉所蔵）。

絵巻の第五段の詞書には次のようにある。弘安五年の春に鎌倉に入ろうとして、「ながさこに三日留まり、一遍は「鎌倉入りの首尾により、教えの利益の有無が決まり、不首尾なら最後とする」と述べた。三月一日に小袋坂から鎌倉に入ろうとしたが、「今日は執権北条時宗が山内（北鎌倉駅周辺）に来るのでその道から入るのは良くない」と言われた。それでも一遍は入ろうとしたが、武士に制止され、小舎人《こどねり》に時衆が打擲《ちょうちゃく》された。武士は鎌倉の外は禁止ではないと言ったので、山の側や道のほとりで念仏をすると、鎌倉中の人々が集まった。

この「ながさこ」は永作のことで、下野庭村(港南区)の小名に永作がある。天正二年(一五七四)八月の野葉郷百姓充の北条家朱印状に「畠年貢、長佐久共二」とあるが、永作のことである(東慶寺文書)。現在もバス亭に北永作・永作があり、上永谷村(港南区)と下野庭村の境界付近である。永作には馬を洗ったという伝承がある馬洗川が流れ、馬洗橋が架かり、鎌倉下道はこの橋を渡っていた。一遍はここで三日間滞在し、鎌倉下道を通って鎌倉に向かったのである。

霜月騒動と綱島氏

弘安七年(一二八四)四月に時宗は三十四歳の若さで死去し、七月に子貞時が執権となった。これにより幕府内部のバランスが崩れ、翌弘安八年十一月に安達泰盛とその与党が討伐される霜月騒動(安達泰盛の乱)が起きた。泰盛は幕府内で北条氏に次ぐ地位にあり、御家人の利益を守るとともに、政治改革を断行していた。これに対して、内管領(得宗の家政を統括する機関)であった得宗被官の平禅門(頼綱)は反発して、貞時に讒言し、その命により泰盛などが討たれた。北条氏の宗家を得宗と呼び、鎌倉後期には得宗に権力が集中し、得宗専制体制が確立したとされているが、確立時期は霜月騒動後など諸説ある。この頃は得宗被官である御内人《みうちびと》や得宗の外戚による専横が目立っていた。こうした御家人と得宗・御内人との対立が頂点に達したのが霜月騒動である。

この騒動で自害した者の交名《きょうみょう》（名簿）があり、多くの御家人が滅亡したことがわかるが、その中に綱島二郎入道の名がある（熊谷直之氏所蔵文書）。綱島氏は綱島（港北区）を本拠とした御家人で、『吾妻鏡』にしばしば名が見える。たとえば、承久元年（一二一九）正月に実朝が鶴岡八幡宮に参拝した時の行列の中に綱島兵衛尉俊久の名がある。また、承久の乱の宇治橋合戦で綱島左衛門次郎が討死している。

建長二年（一二五〇）三月に命じられた閑院殿《かんいん》（天皇御所）の造営担当者の中に綱島左衛門入道がいる。その後、建治元年（一二七五）の六条八幡宮（京都市）造営注文には「綱島左衛門入道跡　七貫」とある。この注文は鎌倉中・在京・各国別に御家人の名前と貫高が列記され、この時期の御家人が総覧できる史料である。造営役は惣領にまとめて賦課され、庶子や一族に配分していた。跡の前にある名前は賦課方式が確立した段階での惣領の名前で、その死後は跡を継いだ者が納入責任者となるので、〇〇跡という表現となる。霜月騒動の時の惣領は討たれた綱島二郎入道と思われる。貫高は所領規模をある程度反映している。有力御家人は百貫文以上で、安達氏は城入道跡として一五〇貫文である。一方、三〜八貫文の御家人が大多数を占めており、綱島氏は標準的な中小御家人と言える。後述する平子氏も同じ七貫文である。

綱島氏と日蓮宗

綱島氏が安達泰盛に味方した理由として、いくつかの要因が考えられる。一つは安達氏の所領が鶴見にあり、鶴見川の河口を抑えていたので、その上流の綱島と地縁でつながっていた点である。また、鎌倉下道には綱島を通るルートもあり、綱島と鶴見は鶴見川を渡河する交通の要地という点で共通する。

もう一つは綱島氏が日蓮宗と関係があった点である。網野善彦氏は霜月騒動で南部・池上氏など日蓮の弟子の同族が討死した点に注目している。池上氏は日蓮に帰依していたが、日蓮はその館で弘安五年（一二八二）に亡くなり、後に館跡に池上本門寺（東京都大田区）が建立された。南部氏の一族波木井実長は日蓮を所領内の身延（山梨県身延町）に招いている。交名には南部氏の同族小笠原四郎の名もある。また、伊東三郎左衛門尉の名もある。同人は伊東祐時（工藤祐経の子）の子祐盛の子祐家と思われる（伊東大系図）。祐時の子祐光は日蓮が伊東に流罪された時の当主で、一時期は日蓮に帰依している。祐家は祐光の甥にあたるので、日蓮と関係があったと思われる。

系図16【日興・綱島氏系図】

女子――日興
‖
綱島九郎太郎入道――九郎次郎時綱

綱島氏に関しては、永仁六年（一二九八）に日蓮の弟子日興が取次をして日蓮が記した曼荼羅本尊を与えた人物を列記した史料に、日興の継父が綱島九郎太郎入道、その子九郎次郎時綱が日興と一腹（母を同じくすること）とある（興尊全集）。これは日興の母は日興を生んだ後に綱島九郎太郎入道と再婚し、九郎次郎時綱を生んだことを意味する。日興は母の連れ子として、綱島氏の元にいた可能性がある。

日興は甲斐国の大井橘六の子で、日蓮の死後、日向《にこう》と共に身延の経営にあたったが、日蓮の信奉者であった波木井実長の信仰の在り方にあきたらず、得宗被官南条時光の支援で、富士山麓に大石寺《たいせきじ》と重須《おむす》の北山本門寺を建立した（ともに静岡県富士宮市）。この門流を日興（富士）門流と呼び、日蓮宗の有力な派であった。このように綱島氏は日興と血縁関係があった。綱島九郎太郎入道と討死した綱島二郎入道との関係は不明である。

このように霜月騒動における安達方の武士には綱島・池上・南部・伊東氏という日蓮・日興と関係がある者が多い。その理由は不明だが、安達泰盛が日蓮や日興などの弟子と何らかの関係があったのかもしれない。なお、先述の交名には「この他に武蔵・上野の御家人などで自害した者は知らせるのに及ばない」とあり、武蔵の御家人が多く自害したことが窺え、その中に市域の御家人が含まれていた可能性がある。

霜月騒動後の金沢顕時

霜月騒動後、顕時は妻が安達泰盛の娘であったため、所領である下総国埴生庄に移され、出家した。その後、後述するように永仁元年（一二九三）に許され、弘安元年（一二七八）から正安三年（一三〇一）に死去するまで、伊勢の守護であった。また、子貞顕も伊勢の守護を元徳二年（一三三〇）まで、翌元徳三年からは貞顕の子貞冬が伊勢守護を務めており、金沢氏は伊勢守護を幕府滅亡まで世襲していた。

顕時は称名寺の興隆に務め、実時が文永六年（一二六九）鋳造した鐘を正安三年に改鋳した。鐘ができてから比較的短期間の改鋳なので、次に述べる正応六年（一二九三）の大地震で破損したため、作り直した可能性がある。顕時の墓は称名寺本堂の裏にあり、五輪塔から骨蔵器の青磁壺が出土した。また、顕時の肖像画も残っている。

六浦庄内の富岡郷（金沢区）には慶珊寺《けいさんじ》があり、八幡社の別当寺であった。慶珊寺には大般若波羅蜜多経が所蔵され、奥書には正中二年（一三二五）七月二十八日に藤原貞泰が二親得道のため、この経を摺って富岡八幡に寄進したとある。安達泰盛の子宗景の子に貞泰がいるので、藤原貞泰は同人であろう（尊卑分脈）。顕時の妻が泰盛の娘であった関係で、貞泰は金沢氏によって庇護され、富岡郷に住んでいたようである。父宗景は霜月騒動の時に殺害されており、その菩提を弔い、同時に富岡郷などの安穏を祈るため、寄進を行なったのだろう（系図14参照）。これによっても金沢氏と安達氏との密接な関係が窺える。

正応六年の鎌倉大地震

正応二年（一二八九）九月に将軍惟康親王は罷免されて上京し、十月に後深草天皇の子久明《ひさあきら》親王が将軍となった。鎌倉中期以降は摂関家や皇族出身の将軍に随って、京から多くの公家・女房・僧侶・陰陽師などが鎌倉に下向していた。その中に親玄という醍醐寺の僧がいた。先述したように、醍醐寺流の密教は関東各地に広まっており、そうした状況で親玄は鎌倉に下向した。親玄は久我《こが》通忠の子で、醍醐寺の親快の弟子であった。親玄の下向時期は不明だが、鎌倉滞在中の日記『親玄僧正日記』が正応五年（一二九二）二月から永仁二年（一二九四）十二月まで残っており、この時期の鎌倉の状況を知ることができる。

中でも正応六年四月十三日に起きた大地震の記述は詳細である。この大地震に関して『鎌倉年代記裏書』には山崩れが起き、多くの人家が倒壊し、死者は数知れず、寿福寺・建長寺などが倒壊したとある。また、津波も起きたと思われる。この大地震は元禄十六年（一七〇三）、大正十二年（一九二三）の関東大震災と同様に相模トラフ（海底の細長い凹地）が震源であったと推測されている。このタイプの大地震は明応九年（一五〇〇）にも起きたと考えられる。当然、市域でも大きな揺れがあり、多くの被害が出たと思われるが、被害状況は不明である。

大地震の直後の四月二十二日に執権貞時は内管領の平禅門（頼綱）とその次子助宗を殺害した（平禅門の乱）。その理由は平頼綱が助宗を将軍にしようとしていると長子の宗綱が貞時に密告したことによるという（保暦間記）。宗綱は配流されたが、後に復権して内管領となった。この事件は得宗被官による専横を示すが、平禅門に代わって、禅門の従兄弟長崎光綱が執事となり、高時が執権になった時にはその子高綱（円喜）が執事となり、長崎氏が政治の実権を握っていた点で政治構造は不変であった。

　その一方で、霜月騒動の関係者が復権した。埴生庄に配流されていた顕時は大地震から十四日後の二十七日に鎌倉に召し返された（武家年代記裏書）。その七か月後の『親玄僧正日記』永仁元年（正応六年八月五日に永仁に改元）十一月十七日条には顕時が親玄の所に参ったという記述がある。また、後述するように、生き残った安達氏一族も復権を果たしている。

系図17【平・長崎氏系図】

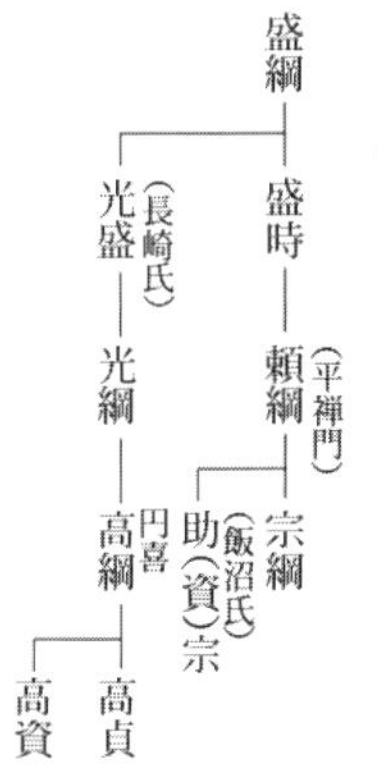

池辺郷と施薬院使

　大地震から四か月後の『親玄僧正日記』八月二日条には薬院使《やくいんし》に出された三通の文書の日付・与えられた所領と人名が記されている。それは①正応六年（一二九三）五月三十日付で大方殿（時宗の後家）が三河国碧海《あおみ》庄上青野郷（愛知県岡崎市）地頭職を長光に与えたもの、②同年同月二十九日付で貞時が武蔵国大田庄北方平子林郷を与えたもの、③同年七月二十九日付で御所（将軍久明親王）が池辺郷《いこのべ》東方（都筑区）を与えた下文である。

長光は丹波長光のことで、当時は薬院使であったことがわかる。丹波氏は代々朝廷に仕える医師で、施薬院の長官である薬院使を世襲していた。施薬院は病人に薬を与え治療する施設で、天平二年（七三〇）に光明皇后により施薬・悲田両院が皇后宮職に置かれたのが始まりである。長光の名は『親玄僧正日記』に散見し、将軍久明親王や貞時から親玄への使者を務めており、将軍や得宗に近仕して医療にあたっていた。

将軍と執権、前執権の正室から丹波長光は次々と所領を与えられているが、大地震の直後なので、長光が大地震の際に怪我人や病人を治療したことに対する恩賞の可能性がある。また、平禅門の乱の直後なので、平禅門一族の闕所地が与えられたとも考えられる。①②は貞時と時宗の後家が与えているので、当然得宗領であり、平禅門一族が地頭または給主職を所持していた可能性がある。②の平子林郷は手子林郷の誤りと見られ、近世の上・下手子林（埼玉県羽生市）にあたる。同郷が属す大田庄は幕府により堤の修築など水田開発が行なわれていたが、同庄が北条氏の所領であったのがその理由と考えられる。

③の池辺郷東方は将軍久明親王から与えられているので、関東御領である。池辺郷は都筑郡内の国衙領であり、武蔵国の知行国主である将軍家の所領であったので、長光に与えられたの

である。池辺郷東方とあるので、当然西方が存在したが、地頭職保有者は不明である。近世の池辺村（都筑区）の東が東方村《ひがしかた》（都筑区）であり、東西に分割された東方がそのまま村名になっている。一方、池辺郷の西方は同郷の中心なので、西方ではなく池辺村となったと考えられる。

この池辺郷については「つ丶きのこをり、池野辺かう、やくいのかみのあと」、その右側に小さく「当給人松嶋治部丞預所今死去」の文字のみが記されている文書がある（金沢文庫文書）。「やくいのかみ」とは薬院頭のことで、薬院使と同じことである。跡とあるので、池辺郷は丹波氏の所領であったが、その後松嶋治部丞が預かっていた（または預所職であった）ことになるが、この文書はいつ頃作成されたのだろうか。鎌倉時代には北条氏が家臣に地頭代職（地頭の代理）を与えた場合、給主と呼んでいたが、給人も同様の意味と思われるので、松嶋治部丞は北条氏の家臣であろう。この点からすれば、松嶋治部丞は幕府滅亡時に死んだため、その所領の支配者が問題となり、その由来を記したこの文書が作成された可能性がある。この点はともあれ、この文書は池辺郷が薬院使である丹波氏の所領であったことを裏付けるものである。

『武蔵風土記稿』は池辺村の真言宗寺院長王寺はかつては南の鶴見川の側にあったが、いつの頃か現在地に移り、境内に薬師を祀る薬師堂（現在はない）があるとする。また、享禄三年（一五三〇）と元和三年（一六一七）の棟札を一枚にした棟札が掲載されている。前者は順阿弥陀仏と加藤・志田などの住人が池辺郷医王寺の薬師堂を造立したとあるが、これは再建と考えられる。後者は長王寺の御堂の上葺と十二神将の再興を名主の佐野、串田・志田・座間などの住人が行なったとある。よって、この間に医王寺が長王寺に改称されたと考えられる。十二神将は薬師を守護する十二の大将なので、薬師堂の薬師の周囲に置かれた像である。医王寺は文字通り、薬師を本尊とし病気を治す目的の寺として、池辺郷東方が薬院使の所領であった時に建立されたと見られるが、長王寺自体は池辺村にあるので、医王寺が池辺村に移っていたか、あるいは医王寺を取り込んだと考えられる。

播磨局浄泉と弘明寺

『親玄僧正日記』永仁二年（一二九四）十月二十一日条には貞時の側室播磨局が女子を生んだとある。出産前後に親玄は加持祈祷を行なった。この時に貞時は二十三歳であったがまだ子供がなかった。その後、嘉元元年（一三〇三）に高時が生まれた。母は安達泰宗の娘である。泰宗は泰盛の兄弟大室景村の子である（尊卑分脈）。この婚姻は安達氏の復権を物語っている。

その後、播磨局は出家して法名浄泉を名乗っていた。正和二年（一三一三）十二月付の北条高時袖判下知状は尼播磨局浄泉と淵名《ふちな》寺別当良尋が淵名寺領内の善仏跡屋敷をめぐって争った相論に裁許を下したものである（相模文書）。この地は浄泉が弘安八年（一二八五）に拝領したもので、地子《じし》（土地・屋敷にかかる税）として一戸主《へぬし》分を亀谷寺（寿福寺か）に長年納入していた。だが、去年この屋敷の地子徴収権が淵名寺に与えられたので、良尋は屋敷地の支配権または拡張された屋敷地の検見による地子の増徴を主張した。

これに対する裁許は浄泉が下文を持っているので屋敷地の所有権は認めるが、検見《けみ》を行なって地子を確定し、淵名寺への納入を命じるものであった。良尋は鶴岡八幡宮の供僧だが、以前から同社の供僧が淵名寺別当を務めていた。一戸主とは京や鎌倉における屋敷地の単位なので、同地は鎌倉内にあり、元は寿福寺に地子を納めていたが、徴収権が淵名寺に移ったため相論となったのである。淵名寺は上野国淵名庄内（群馬県伊勢崎市）にあった寺だが、所在地は不明である。この時には高時は十一歳であり、花押は据えているが、裁許は側近の者が行なったはずである。

弘安八年は霜月騒動が起きた年なので、善仏は安達氏に味方した者であり、屋敷が没収されて浄泉に与えられたと考えられる。与えたのは貞時と思われ、当時は十五歳であった。播磨局は元は幕府または得宗家に仕えていた女房と考えられ、後に貞時の側室になったのであろう。播磨局は正応三年（一二九〇）にも出産しているので（門葉記）、かなり早く貞時の側室となっており、弘安八年の時点で既に側室になっていたとも考えられる。

この浄泉の名が弘明寺所蔵の明応五年（一四九六）十二月の勧進帳に見える。これには元亨元年（一三二一）に浄泉比丘尼が禅海優婆夷《うばい》を檀主として、弘明寺を修復したとある。優婆夷とは女性の在家仏教信者のことで、修復資金を出しているので、資本力を持つ女性だが、誰かは不明である。浄泉は願主として、禅海に資金供出を依頼しているので、当然、両者は知り合いであり、北条氏関係の女性の可能性もある。勿論、浄泉自身も資金を寄附したはずである。

弘明寺は元は源氏累代の祈願所であった。弘明寺は久良岐郡内にあるが、鎌倉後期には同郡は北条氏領で、おそらく得宗領であったと思われる。浄泉による弘明寺の修復は同寺が源氏から得宗の祈願所に転換したことが背景にあると考えられる。浄泉自身が弘明寺を訪れることもあっただろう。元亨元年の頃には少なくとも五十歳以上であったと思われるが、弘明寺の修復を行い、作善《さぜん》を重ねて自身や周囲の人々の安寧を祈ったと思われる。

北条高時の執権就任と金沢貞顕

貞時は正安三年（一三〇一）に執権を北条師時に譲り、出家後も実権を握っていたが、応長元年（一三一一）に死去した。その後、執権は大仏宗宣・北条熙時《ひろとき》・北条基時と短期間に変わり、正和五年（一三一六）七月に高時が就任した。就任時に高時は十四歳と幼少なので、内管領の長崎円喜（高綱）と安達時顕が実権を握っていた。円喜は平禅門（頼綱）の従兄弟長崎光綱の子であった。平禅門の乱で頼綱の系統が死亡・失脚したので、代わって長崎氏の系統が得宗被官の第一人者となった（系図17参照）。円喜は文保年間（一三一七〜一九）に内管領を子高資《たかすけ》に譲ったが、なおも宿老であった。時顕は泰盛の弟顕盛の孫で、娘は高時の正室となった（系図14参照）。霜月騒動で敵対した平氏と安達氏の子孫が共同で高時を支える体制を取ったが、その専横は様々な問題を引き起し、幕府滅亡の一因となった。

貞顕は正和四年七月に連署に就任し（執権は基時）、翌年に高時が執権になった後も引き続き連署を務め、若い高時を補佐した。その後、正中三年（一三二六）三月十三日に高時は所労（病気）により執権を辞職した。確かに高時は病弱であったようである。代わりに長崎高資の計らいで貞顕が執権となった。ところが、高時の弟泰家は自分が執権になると思っていたが、貞顕がなったので、泰家の母（高時の母でもある）は憤り、泰家を出家させた。泰家も怒って貞顕を殺すという噂もあったので、貞顕は恐れて三月二十六日に執権を辞職し、出家して崇顕と称した。そして、四月二十四日に北条（赤橋）守時が代わって執権となった（保暦間記）。

金沢貞顕が書写した金沢文庫本

貞顕は称名寺や金沢文庫の整備にあたり、多数の書籍を筆写・収集した。貞顕は正安四年（一三〇二）七月に六波羅探題南方になり上京した。貞顕が書写した書籍の多くはこの在京中のものである。延慶元年（一三〇八）十二月に六波羅探題を退任し、翌年正月に鎌倉に着いた。その後、同三年六月に六波羅探題北方として再度上洛した。この上洛にあたって書写した書籍を金沢文庫に架蔵したと考えられている。正和三年（一三一四）十一月に退任し、鎌倉に下ったが、再度の上洛中に写した書籍は確認されていない。

貞顕が書写した書籍のいくつかを紹介しておこう。その一つに『たまきはる』（神奈川県立金沢文庫所蔵）があり、奥書には乾元《けんげん》二年（一三〇三）二月に貞顕が書写・校合したとある。同書は藤原俊成の娘が建春門院・八条院などに女房として仕えた際のことを回想して記したものである。

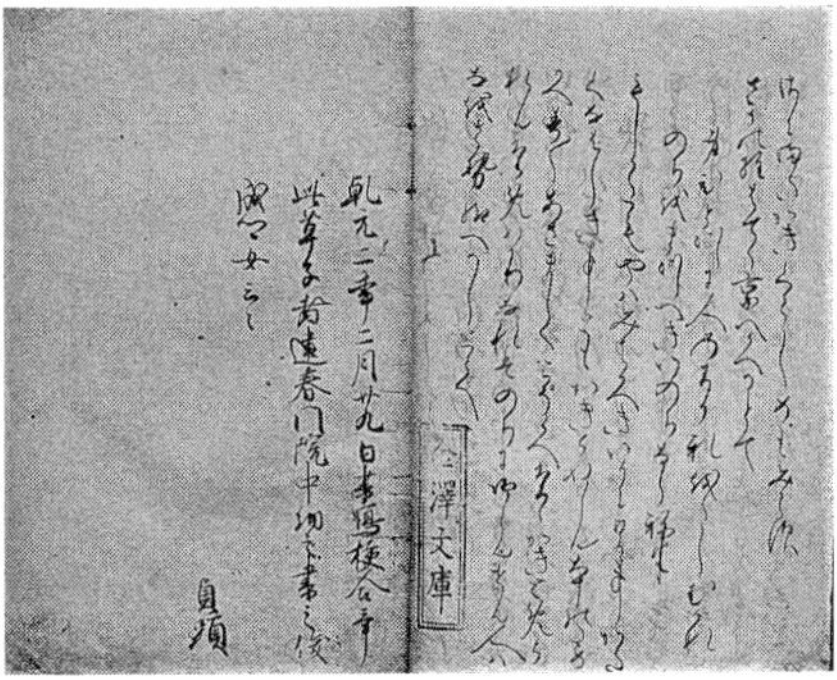

『たまきはる』（奥書）　神奈川県立金沢文庫所蔵

『群書治要』（宮内庁書陵部所蔵）は実時が写したものの一部が紛失したので、改めて写している。巻二十九の奥書には嘉元四年（一三〇六）二月十八日に右大弁三位経雄の本を書写校合したとある。経雄は藤原経雄のことで、『尊卑分脈』には左大弁（『弁官補任』では右大弁）・参議・後二条侍読などになり、元亨三年（一三二三）に死去したとある。その父祖には天皇の侍読を務めた人も多く、曾祖父親経は『新古今和歌集』真名序の筆者であり、学問に優れた家系であった。貞顕はこうした公家とも交流し、書写に励んでいた。

兼好法師の金沢居住

『徒然草』の作者兼好は金沢に居住していたことがある。『尊卑分脈』によれば兼好は卜部《うらべ》兼顕の子で、兄に慈遍と兼雄がいる。卜部氏は藤原氏の一族で、神祇官の上級官職を務め、平安時代には吉田神社（京都市）の神主を兼ね、室町時代に吉田姓に改めた。よって、兼好の頃には姓は吉田ではなく、卜部である。一方、小川剛生氏はこうした出自や系図を捏造とし、兼好を金沢氏被官とする。実は『尊卑分脈』の兼好の部分は後からの付け加えなので、系図の信憑性の検討が必要である。兼好の出自や事績などについては諸説あり、多くの謎が残されている。

歌集『兼好法師家集』には「むさしのくに、かねさわといふところにむかしすみし家のいたうあれたるにとまりて月あかき夜」という詞書《ことばがき》に関する「ふるさとのあさぢがにはのつゆのうへにとこはくさ葉とやどる月かな」という和歌があり、以前に金沢に住んでいた家が荒れていたが、そこに泊まったことがわかる。「とこはくさ」とは「床は草」と「常葉草」の掛詞と思われる。常葉は冬でも枯れない常緑の葉を意味し、庭が草で覆われていることを詠んでいる。

この記述から兼好は以前に金沢に住んでおり、この時に再訪したことがわかる。「すみし」とあるので、短期間の滞在ではなく、一定期間住んでいたことになる。また、「むかし」とあるので、再訪までかなりの年が経過していたと考えられる。近世には兼好が上行寺《じようぎよう》（金沢区六浦、日蓮宗）の裏山に住んでいたという伝承があった（武蔵風土記稿）。だが同寺は六浦郷にあるので、この伝承は誤りだが、伝承が生まれた経緯を考える必要がある。

金沢居住や再訪に関連する記述が他にも『兼好法師家集』にある。一つは「平貞直朝臣家にて、うたよみしに旅宿の心を」という詞書と詠んだ和歌である。兼好は大仏《おさらぎ》貞直の屋敷で和歌を詠んでいるが、いつ頃のことであろうか。

貞直は生年は不明で、元亨二年（一三二二）に引付頭人となり、幕府滅亡の時に討死している。祖父の大仏宣時は暦仁元年（一二三八）の出生で、貞直は孫なので五十年後に生まれたと仮定すると、一二八八年前後の出生となる。また、父の宗泰は生没年不明だが、嘉元三年（一三〇五）に引付頭人を辞任している。これは家督を子貞直に譲ったことを意味する。「平貞直朝臣家」とあるので、既に貞直は家督を継いでいる。よって、兼好が貞直の家に行ったのは嘉元三年から幕府滅亡の間となる。これが居住・再訪時どちらかは不明だが、鎌倉にも出入りしたことがわかる。貞直の家に突然行くことはありえないので、誰かに紹介されたか、貞直が兼好のことを聞いて招いたと考えられる。

もう一つは「あづまへまかり侍しに清閑寺《せいかんじ》にたちよりて、道我僧都にあひて秋はかへりまでくべきよし申し侍り」という詞書に添えられた兼好の和歌と道我の返歌である。その次に宿から見える富士山や小動《こゆるぎ》（大磯町）の磯で詠んだ和歌などがあるので、道我に別れを告げた後に東海道を下った時のものである。道我に関しては後述する。その次が先述の金沢についての和歌なので、これらの和歌は金沢再訪時のものであろう。

金沢の和歌の次は相模国いたち川（栄区）で詠んだ「いたちかは」を各句の頭につけた和歌（いかにわがたちにし日よりちりのゐて風だにねやをはらはざるらん）、その次には清見が関（静岡市）、田子ノ浦（静岡県富士市）で詠んだ和歌がある。その次に宇津の山（静岡市と藤枝市の境界にある山）で詠んだ和歌と詞書があり、和歌には以前に泊まった萱の丸屋《まろや》（蘆や萱で葺いた粗末な家）の跡もないとある。これも金沢の場合と同様に再訪までかなりの年月が経過していたことを示している。

兼好は金沢再訪後にいたち川を通っている点が注目される。金沢からは朝比奈峠を越えて、鎌倉・腰越を通り、東海道に入るのが一般的であったと思われるが、このルートではいたち川は通らない。よって、兼好は鎌倉を通らず、釜利谷（金沢区）から山越えして、山内庄に入り、いたち川を渡るルートをたどったと見られる。金沢に入る時は鎌倉を経由したので、帰路は別ルートを選択したとも考えられる。また、いたち川の名は金沢に住んでいた時に聞いていたので、実際に見たいと思ったのかもしれない。一般にいたちは凶事の前兆など悪いイメージがあるが、兼好も同じイメージを持っており、その名に関心を抱いた可能性もある。先述した七瀬の祓がいたち川で行なわれたのは凶事を招くいたちを境界で防ぎ、凶事が鎌倉に入るのを防ぐ目的があったとも解釈できる。

兼好の再訪時期と道我

再訪時期に関しては「道我僧都」という記載が手掛かりになる。僧侶には僧官という朝廷から与えられる官職があり、僧正・僧都・律師の順である。また、僧位という位階があり、法印・法眼・法橋の順で、元々は法印は僧正が与えられる位階であったが、僧都・律師や仏師などにも与えられるようになった。道我は後に僧正になるので、再訪は僧正になる以前のことになる。

道我に関しては網野善彦氏の研究があり、その活動が明らかになっている。道我は藤原氏北家内麿流出身で、徳治三年（一三〇八）に後宇多上皇が灌頂を受けた際に持花衆として参列し、大納言法印道我と呼ばれていた。その後、聖無動院僧正道我と呼ばれるようになった。聖無動院は大覚寺（京都市）の院であり、寺名からもわかるように大覚寺統である後宇多・後醍醐と関係が深かった。建武元年（一三三四）には東寺長者の一人となり（東寺長者補任）、康永二年（一三四三）に六十歳で没している。この間、東寺が所有する荘園の経営や東寺内部の人事などに携わり、悪党的な人物を預所に起用している。東寺には道我関係の史料が多数残されている（東寺百合《ひゃくごう》文書など）。

『徒然草』一六〇段には清閑寺の僧正が「行法の法を澄んでいうのは悪く、濁って」と言ったとあるが、この僧正は道我のことで、清閑寺に住んでいた。清閑寺は京都の東山の麓にある寺で、この頃は天台宗寺院であった（慶長年間に真言宗に改宗）。この記述も兼好と道我が親しかったことを示している。

道我の呼称は次のように変遷している。元応元年（一三一九）七月の播磨国矢野庄条々置文では法印権大僧都道我と署名しているので、この時には僧都であった（以下、東寺百合文書）。また、この前後の史料には「大納言法印」、「道我法印」とあり、元徳二年（一三三〇）七月の文書では法印道我と署名している。だが、翌元弘元年（一三三一）十二月の崇明門院（後宇多天皇の娘禖子《ばいし》内親王）令旨の宛名に聖無動院僧正とある。この頃の僧官・僧位の表記は僧正ならば僧正であり、僧都で法印になった者は法印僧都または単に法印と記している。よって、元徳二年七月と元弘元年十二月の間に僧都から僧正に昇進したことになる。つまり、兼好の金沢再訪は元弘元年十二月以前であり、幕府滅亡以前となる。

兼好と金沢北条氏

では、兼好はなぜ金沢に住んでいたのだろうか。これに関して、従来から兼好と金沢氏の関係が注目されてきた。金沢文庫文書の中に「進上　称名寺侍者　卜部兼好状」、「謹上　称名寺侍者　卜部兼好状」と記されている封紙がある。他に貞顕書状の一節に「兼好帰洛之時」とある。また、林瑞栄氏は貞顕の家臣倉栖兼雄《くらすかねお》を兼好の兄とする説を唱えた。倉栖兼雄と兼好は無関係という説が有力だが、金沢に居住していたのは確かなので、金沢氏と何らかの関係があったのは間違いない。これらの史料に見える兼好と『徒然草』の兼好が同一人物であるかは意見が分かれている。

近年、『徒然草』の古い写本が注目されている。この系統の最古の写本は正徹《しょうてつ》が永享三年（一四三一）に筆写したもので、『新日本古典文学大系　方丈記　徒然草』（岩波書店）はこの写本を翻刻している。正徹は歌人・禅僧として知られ、歌論書『正徹物語』を著している。

二三八段には顕助僧正と内裏の真言院で行なわれる加持香水を見に行った時の話だが、流布本（烏丸《からすま》光広の写本）では賢助とあり、別人になっている。顕助は貞顕の子で、仁和寺真乗院に入り、正中三年（一三二六）に権僧正となり、元徳二年（一三三〇）に死去したので（仁和寺諸院家記）、この話はその間のでき事となる。仁和寺には多数の院があり、多くの僧がいる中で貞顕の子顕助と交遊していたのは偶然ではないだろう。このように兼好は金沢氏と何らかの関係があったため、一時期金沢に住んでいたと考えられる。

元弘の変と円観

正中元年（一三二四）に後醍醐天皇による倒幕計画が事前に漏れた事件が起きた（正中の変）。だが、後醍醐天皇は無関係と釈明して処罰を免れた。その後も後醍醐天皇による倒幕計画は水面下で進行していたが、元徳三年（一三三一）四月に吉田定房の密告により発覚し、日野俊基・

文観・円観らが捕えられ、鎌倉に送られた（元弘の変）。文観・円観は聖天供などの祈祷を行い、引き続き幕府を呪詛していたと思われる。円観は六月十四日に金洗沢（鎌倉市）で、『都法秘録』を紛失している。先述したように金洗沢は鎌倉の境界なので、鎌倉入りする前に所持していた聖教などを取り上げられたのであろう。

円観は幕府滅亡後に京に戻ったが、建武元年（一三三四）十一月二十二日に『都法秘録』を称名寺の僧観蓮上人から送られ、その喜びを奥書に記している（宝戒寺旧蔵文書）。観蓮上人とは実真のことで、後に称名寺四代長老となった。円観は後醍醐天皇から法勝寺《ほつしようじ》（京都市）の住持に任命されており、この時は京にいたはずなので、実真は上洛していたことになる。金洗沢で没収された『都法秘録』は貞顕が入手して称名寺に寄贈し、それがこの時に返却されたと考えられる。一方、実真はなぜ上洛していたのだろうか。

後醍醐天皇は元弘三年（一三三三）九月頃に雑訴決断所を設置し、所領安堵や所領に関する訴訟を扱わせている。実真はこうした件に関して、称名寺から京に派遣されていたと思われる。また、円観が後醍醐天皇と関係が深いことも当然承知しており、『都法秘録』を返却して、後醍醐天皇に口利きをしてもらい、訴訟を有利に進めようと図ったとも考えられる。勿論、単に善意で返却した可能性もあるが、いずれにせよ『都法秘録』の移動は貞顕や称名寺が絡んでおり、興味深い事例である。

元弘の変と金沢貞冬

事の発覚により、後醍醐天皇は八月二十四日に京から逃れ、笠置山（京都府笠置町）に入った。これに対して、幕府は九月五日から七日にかけて、大仏貞直・金沢貞冬・江馬（名越）越前入道・足利高氏（尊氏）らを大将として、出陣させた（鎌倉年代記裏書）。金沢貞冬は貞顕の子、貞将の弟である（前田本平氏系図）。『光明寺残篇』は貞冬を「武蔵右馬助伊勢国」と表現している。この記述により、貞冬が伊勢国守護であったと推測されている。以前から伊勢国は金沢北条氏が守護であり、貞冬は父貞顕の跡を継いで、伊勢国守護を務めていたと考えられる。

貞冬らは九月二十八日に笠置山を攻撃し、翌日に後醍醐天皇などを捕えた。その直前の同月二十日に光厳《こうごん》天皇が即位した（歴代天皇としては未認定）。また、楠木正成が赤坂城（大阪府千早赤阪村）で挙兵したため、貞冬らは赤坂城に向かい、十月二十一日に赤坂城は落城させたが、正成は姿をくらました。こうして一旦は反乱は鎮圧され、貞冬は鎌倉に下向した。翌元弘二年三月に後醍醐天皇は隠岐に配流された。

新田義貞の挙兵と鎌倉道

元弘二年（一三三二）四月に光厳天皇の即位を理由として、正慶に改元された。その後、同年十一月に護良親王が吉野、楠木正成が千早城で挙兵した。さらに播磨の赤松氏など西国各地で反幕府の挙兵が起き、後醍醐天皇が隠岐を脱出し、伯耆《ほうき》の名和長年のもとに向かった。これに対して、幕府は北条氏一族や足利高氏などを畿内に派遣したが、高氏は赤松氏とともに六波羅探題を攻撃し、五月七日に京を攻略した。九日には六波羅探題の北条仲時と家臣らは近江国番場（滋賀県米原市）で自害し、光厳天皇・後伏見上皇・花園上皇は捕えられた。時を同じくして、八日に新田義貞が上野国で挙兵し、鎌倉を目指して進軍を開始した。

幕府は義貞討伐のため大軍を派遣した。『太平記』には金沢貞将を下河辺に派遣し、上総・下総の軍勢を集めて、義貞の背後を付かせようとしたが、小山判官（秀朝）と千葉介（貞胤）に敗れ、下道より鎌倉に引返したとある。また、『梅松論』では下道の大将として貞将が向かい、下総の千葉貞胤と鶴見の辺で戦い、敗北して退いたとする。

貞将は下河辺に向かう途中の鶴見で戦っているので、この鎌倉下道は海岸沿いのルートで、帷子宿からは近世の東海道とほぼ同じであったと思われる。この方が平坦な所が多く、軍勢の移動も容易である。鶴見で戦っている千葉氏は下総、小山氏は下野の武士なので、鎌倉下道は下総・下野と接続していたことになる。

貞将の目的地の下河辺は下総国下河辺庄のことで、庄内には奥州道が通っていた。奥州道は下河辺庄・小山（栃木県小山市）・宇都宮を通り、陸奥に向かう道なので、小山氏は奥州道から鎌倉下道に入り、鶴見まで来た。一方、千葉氏は下総から太井《ふとい》川（江戸川）・古利根川・隅田川を渡り、江戸に入り、その後は近世の東海道とほぼ同じルートで鶴見に来たことになる。

『太平記』では義貞軍に対して桜田貞国を大将として、入間川（埼玉県所沢市）に向かわせたが、小手差原（埼玉県所沢市）合戦で敗北した。それを知った高時は弟の泰家を出陣させ、分倍河原（東京都府中市）で激戦となったが、結局義貞軍が勝利し、関戸を経て鎌倉に向かったとする。一方、『梅松論』では五月十四日に泰家を出陣させ、翌日に分配・関戸河原で戦ったが、敗北したとする。両書ともにルートは同一だが、このルートは鎌倉上道であり、義貞軍は市域では瀬谷・飯田・俣野を経て、鎌倉に向かったと考えられる。

義貞軍は鎌倉に迫り、五月十八日から二十二日にかけて鎌倉の境界で激戦が繰り広げられたが、ついに義貞軍は鎌倉に突入した。金沢貞将は山内合戦で、配下の八百人を討たれ、自身も七箇所の傷を負い、高時がいる東勝寺に戻った。高時は貞将に両探題職を与える御教書を与え、相模守とした。貞将は両探題職への補任は名誉なこととして、御教書の裏に「棄我百年命、報公一日恩」と書いて、鎧の引合《ひきあわせ》に入れて、大勢の中に駈け入り討死した。この行為を人々は賞賛したという（太平記）。他の北条氏一族や家臣も次々と討死した。そして、高時や貞顕などの北条氏一族や家臣なども切腹し、東勝寺に火をかけた。ここに鎌倉幕府は滅亡した。

第六章　市域内に所領を持つ武士

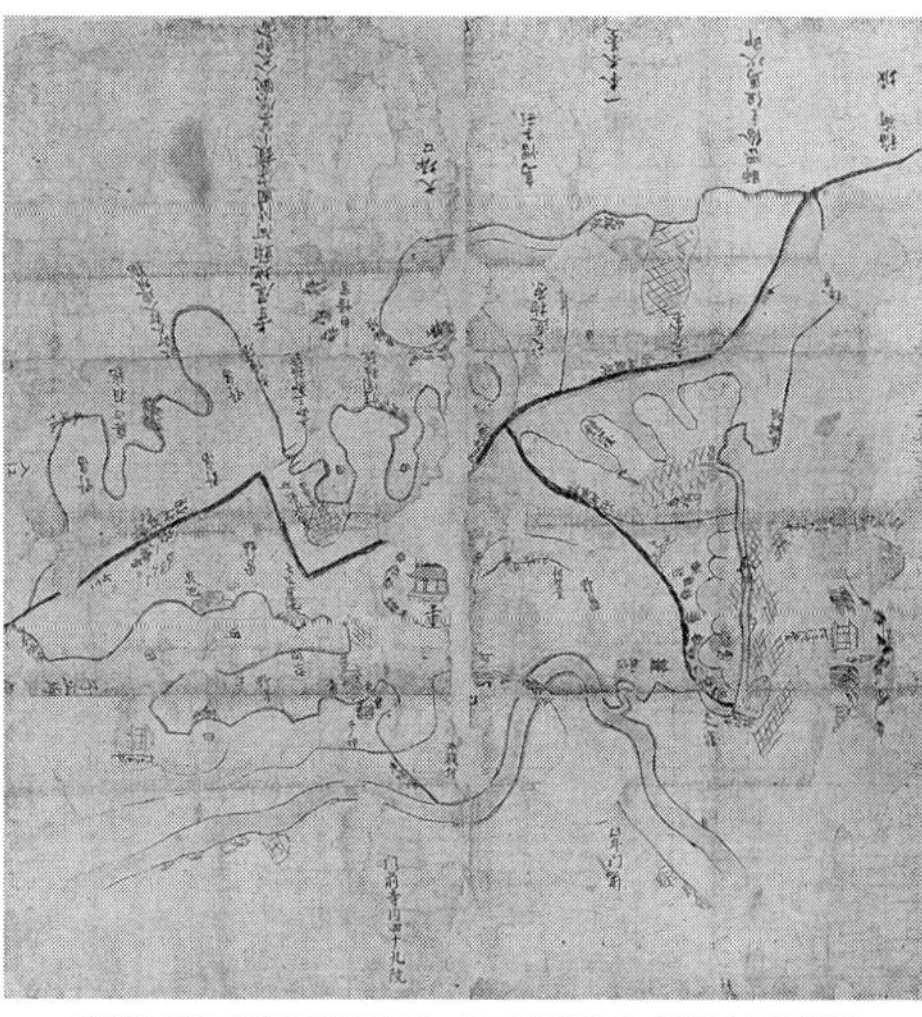

武蔵国鶴見寺尾郷絵図　神奈川県立金沢文庫所蔵

都筑氏と馬芸

都筑郡には郡名を名字とする都筑氏という武士がいた。『古今著聞集』巻第十（都筑経家悪馬を御する事）には都筑経家（つづきの平太）に関する話が載っている。経家は高名の馬乗・馬飼であったが、平家の家人なので頼朝挙兵後に捕えられ、梶原景時に預けられた。その後、奥州から大きい暴れ馬が献上されたが、乗りこなせる者がいなかったので、景時が経家を推薦した。経家は見事に乗りこなしたので、頼朝は感心し、勘当を解いて厩別当とした。また、頼朝が藍沢（静岡県御殿場市）の狩に出た時に経家は馬七・八疋に鞍を置き、手縄を結んだだけで人も付けなかったが、経家の馬の尻に付いてきたという。そして、今の世には経家のような馬飼はいないが、入海して死んでしまい、馬飼の秘伝を知る者はいないので、残念であると結んでいる。

このように都筑経家は見事に馬を乗りこなし、馬飼の方法に通じていた。郡名を名乗る武士は郷名を名乗る武士に比べて、所領規模が大きいと推測されるので、都筑氏も都筑郡内のかなりの部分を所領としていたと思われる。文治元年（一一八五）十月二十四日に勝長寿院の供養に頼朝が参列した時の随兵に都筑平太の名がある。平太という名乗りが一致するので経家であり、これ以前に許されていた。また、建久元年（一一九〇）十一月七日の頼朝の上洛時の随兵、同六年三月十日の頼朝が東大寺供養に参列した時の随兵にも都筑平太の名がある。このように経家は御家人として活動していた。

その後、貞永元年（一二三二）十一月二十九日に将軍藤原頼経が永福寺《ようふくじ》（鎌倉市二階堂）に渡御した時に、和歌に秀でた者を供にしたが、その中に都筑経景がいる。また、天福元年（一二三三）四月十七日に将軍頼経が北条泰時の屋敷で連歌をした時に、経景は召されて参上した。同年五月五日には御所で和歌御会を行った時に経景が参加している。このように都筑経景は将軍頼経の和歌会にしばしば招かれており、和歌を嗜んでいたことがわかる。経景は世代的には経家の子または孫と考えられる。両者は名前に経の一字を用いているので、都筑氏の通字は経と思われる。

『吾妻鏡』によれば、経景は九郎から右衛門尉に名乗りを変えている。建長二年（一二五〇）三月一日には閑院（天皇御所）の造営のため西鰭五丈分が都筑右衛門跡に賦課されている。この都筑右衛門は経景のことだが、跡とあるので既に死去していると思われる。建治元年（一二七五）の六条八幡宮造営注文には「都筑右衛門尉跡　五貫」とあり、この時点でも都筑氏は健在であった。

建長四年四月三日に前将軍頼経と将軍頼嗣が帰京する時の路次奉行として都筑九郎の名があり、催促された者ではないが、頼嗣が若君の時から奉公していたので参ったとある。この九郎は経景と名乗りが同じなので、その子と思われる。経景は頼経に祗候していたので、子九郎も頼経の子頼嗣に祗候していたのである。

経家は平家の家人だったので、京にいることが多く、教養を身に付けていたと思われる。そうした教養が経景やその子九郎にも受け継がれ、摂家将軍の頼経・頼嗣父子に近侍した理由と考えられる。このように都筑氏は馬術や和歌に関する教養を持っていた。また、馬術が得意であったのは都筑郡に古代から立野牧などの牧があり、その管理を行なっていたことに由来すると考えられる。

一般的には都筑氏は「小野氏系図」（群書類従所収）の横山の姓一覧に続《つづき》とあるのを根拠として、小野姓横山党とされているが、系図自体には都筑経家など都筑氏の記載はなく、出自は不明である。また、『平家物語』には一ノ谷合戦で範頼軍に属した武士として、猪俣・児玉・野井与・横山・西・都筑・私党とある。これらはいわゆる武蔵七党で、都筑党は都筑郡の武士の集団とされているが、検討の余地がある。

都筑氏の本拠と出土した板碑

都筑氏の本拠は都筑郡内にあったが、どこかは不明である。だが、一九七六年に川崎市高津区久末《ひさすえ》の妙法寺の山門前の工事中に出土した板碑《いたび》が注目される（同寺所蔵）。これは上下が欠失しているが、次の銘文がある（地図7参照）。

右為主君聖霊出
（上部欠失）（上部蓮弁）建長七年乙卯初秋　（下部欠失）
死往生極楽造

この板碑は『武蔵風土記稿』に都筑郡山田村（都筑区）の三宝寺所蔵とする板碑と同じものである。同書には「建長七年乙卯初秋日、寺主良範、右為主君聖霊出離往生極楽造立如件」という銘文が記されているが、出土した板碑の銘文とほぼ同じである。三宝寺は明治時代に廃寺になったので、その際に所蔵していた板碑が久末に移動して、埋没していたのである。

板碑は供養のために造立した石塔で、関東のものは主に緑泥片岩製なので青石塔婆とも呼ばれた。現存最古の板碑は埼玉県熊谷市須賀広で発見された嘉禄三年（一二二七）のもので、阿弥陀三尊を浮き彫りにしたものである。同地は緑泥片岩の産出地で、板碑を加工した遺跡が残る同県小川町下里に近い。また、もう一つの産出地に同県長瀞町野上下郷がある。その後、阿弥陀や阿弥陀三尊の梵字（種子《しゅじ》）を刻んだ板碑がほとんどとなり、一般に武蔵型と呼ばれ、市域にもこのタイプのものが多く造立された。

妙法寺板碑　川崎市重要歴史記念物　写真提供：川崎市教育委員会

鴨志田町にある板碑（寛元銘）

この板碑は神奈川県内で現存のもので二番目に古いものである。主君という銘文がある板碑は千葉県や埼玉県にもあり、武士を意味すると推定されている。この板碑の主君も武士を意味し、良範はその武士の菩提寺の住職と考えられる。山田村には堀ノ内の小名があるが、堀ノ内は武士の館跡にある地名なので、同村に武士の館があったと推定される。また、三宝寺は小名殿谷にあり、この地名も武士の存在を暗示する。建長七年（一二五五）は現存最古の板碑の二十八年後であり、この時点で板碑を造立できるのは有力な武士と見られる。山田を名字とする武士は確認できないので、別の武士となり、都筑氏の可能性がある。

こうした点から都筑氏の本拠は山田村であったと推測されるが、今後も検討が必要である。この板碑は元から三宝寺にあったとは限らず、三宝寺の前身の寺院にあったか、または近隣から移動してきた可能性もある。なお、三宝寺は元は東山田町公民館（東山田町一三〇〇番地）の所にあった。その近くには鎌田堂が現存し、その背後は鎌田兵衛正清の館跡と伝えられている点も注目される。

鴨志田氏と恩田氏

都筑郡には鴨志田郷（青葉区鴨志田町）を本拠とした鴨志田氏と恩田郷（同区恩田町）を本拠とした恩田氏という武士がいた。鴨志田氏に関しては建久元年（一一九〇）十一月七日に頼朝が上洛した時の随兵、建久六年三月十日に頼朝が東大寺供養に参列した時の随兵に鴨志田十郎の名がある。これ以外に『吾妻鏡』や他の史料に鴨志田氏の名は見えない。現在、鴨志田の姓は横浜市北部や茨城県中部によく見られる。

鴨志田町には神奈川県内で現存最古の板碑があり、緑泥片岩製で中央にキリーク（阿弥陀如来の梵字）、下部右側に「寛元第二□」、左側に「七月廿□」の銘があるが、現在は磨耗して読むのが困難である。板碑の下から蔵骨器《ぞうこつき》が発掘されており、鴨志田氏の墓として造立されたと推測されている。寛元二年（一二四四）は先述した現存最古の板碑の十七年後なので、かなり初期のものである。県内で現存最古の二つの板碑が都筑郡内の近隣にあったのは注目される。なお、現存する市域で最大の板碑は長津田（緑区）の大林寺にあり、高さ一八〇㎝余ある。

大林寺（地蔵堂）の板碑

その後の鴨志田氏に関しては、永仁年間（一二九三〜一二九九）頃と推測されている七月十六日付の武蔵国留守所代連署書状が参考になる（早稲田大学図書館所蔵文書）。この書状は恩田殿充で、四月に府内分陪河防の修固に関して、恩田・鴨志田所課分を定使を派遣して度々命じたが、行われないことを非難したものである。分陪河防とは分倍河原の多摩川堤防のことで、その修築を武蔵国衙が恩田氏に命じたのである。また、同日付で同内容の文書が市尾入道充に出されている（武本為訓氏旧蔵文書、現在は神奈川県立金沢文庫所蔵）。これにより、市ケ尾（青葉区）を本拠とした市尾氏という武士がいたことがわかる。この書状によれば、恩田氏が恩田と鴨志田両方を支配していたことになるので、これ以前に鴨志田氏は没落していたと推測される。その契機や時期は不明だが、板碑造立以後と見られる。また、鴨志田氏と恩田氏の関係は不明である。

一方、建治元年（一二七五）の六条八幡宮造営注文に武蔵国の御家人として「恩田太郎跡三貫文」とある。また、金沢北条氏の家臣に恩田氏がいるが、これらの恩田氏に関しては武蔵国恩田御厨（埼玉県熊谷市）を本拠とする説もあり、市域の恩田氏かは検討を要する。

平子氏と平子郷

近世の横浜・北方・本牧本郷村（ともに中区）、根岸・磯子村（ともに磯子区）、中・堀之内村（ともに南区）は中世には平子郷であった。同郷を本拠としたのが平子氏である。「武蔵七党系図」（国立公文書館所蔵）では横山時広の子広長に「平子野内」、その子有長に「平子野平馬允、富士夜討被疵」の注記がある。また、有長の兄弟経長に「石川二、本目石川知行」の注記がある。有長の子に有員、有員の子に有村・有宗、有宗の子に有景・有広とある。「小野氏系図」（群書類従所収）もほぼ同様の記述である。

　系図によれば、広長の時に初めて平子の名字を名乗り、その子有長は平子、経長は石川の名字を名乗り、二系統に分かれたことになる。有長に関しては『吾妻鏡』文治元年（一一八五）四月十五日条に朝廷から任官した者を頼朝が列記した名簿に馬允有長とあり、義経に従い、京にいたことがわかる。また、建久元年（一一九〇）十一月に頼朝が上洛した時の随兵に野平右馬允と平子太郎の名がある。野平右馬允は有長、太郎はその子有員と見られる。その後、建久四年五月二十八日に曽我兄弟に討たれた者の中に平子野平右馬允の名があり、系図の有長に関する注記と一致する。

系図18【平子・石川氏系図（武蔵七党系図・小野氏系図）】

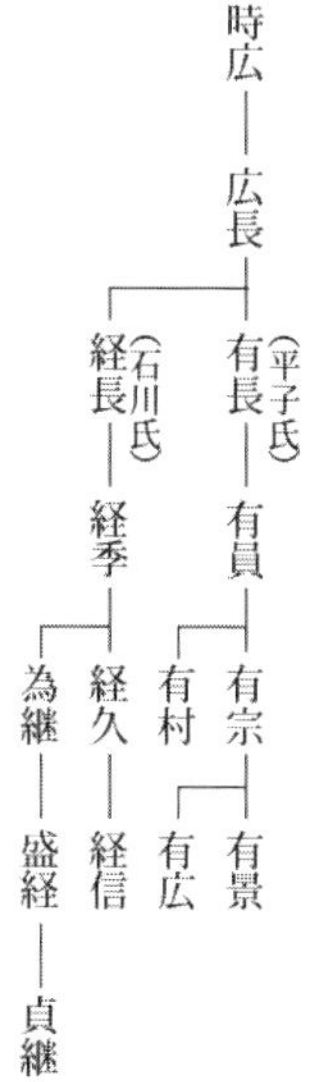

　二年後の建久六年三月に頼朝が東

大寺供養に参列した時の随兵に平子右馬允とある。子有員は父の死により、父と同じ右馬允を名乗ったのである。その後、建長二年（一二五〇）三月一日条の閑院殿造営注文には「平子左衛門跡」と「平子次郎入道跡」の二人の平子氏の名がある。前者は有員の子有村・有宗のどちらかと思われる。系図には両者ともに「左」の注記がある。また、「平子次郎入道跡」は系図に経長に「石川二」とあるので、石川経長と思われる。二人別々に賦課されているのは、これ以前に平子氏と石川氏が分かれていたことを示すが、幕府は二系統の平子氏として把握していた。さらに建治元年（一二七五）五月の六条八幡宮造営注文には武蔵国として「平子馬允跡　七貫文」とあるが，石川氏の名はない。この記載に関しては①幕府は平子氏と石川氏両方を一括して把握していた、②石川氏の系統は没落していたという二つが可能性が考えられる。

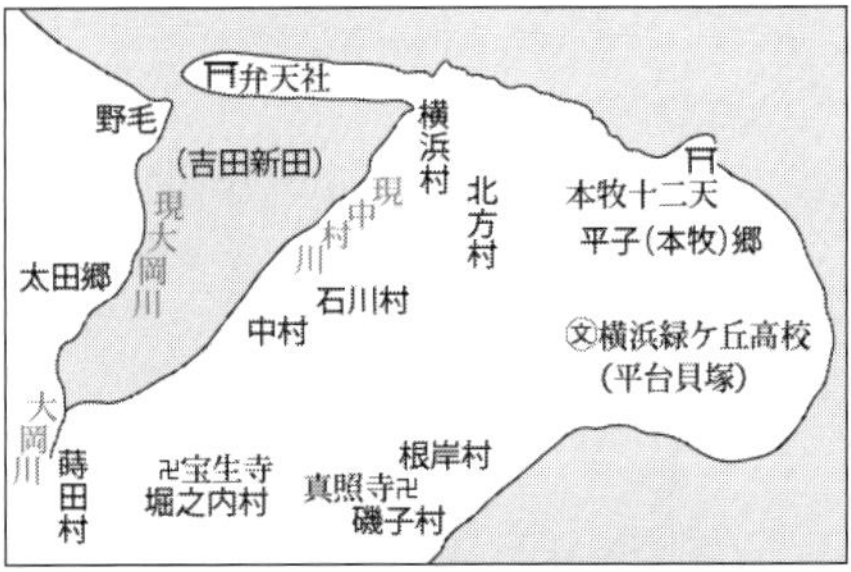

地図 13　埋立前の平子（本牧）郷・石川村

南北朝期に平子氏は越後の薭生《ひう》（新潟県小千谷市）に入り、平子郷を本拠としつつ、越後守護上杉氏の元で活動するようになる。戦国時代には上杉氏の重臣となり、越後府中（新潟県上越市）には平子氏の館があった。一方、平子氏は戦国前期まで平子郷を所有していた。永正九年（一五一二）十二月に伊勢宗瑞（早雲）・氏綱が連署して、平子牛法師丸に本目四ケ村に対して制札を出している。この時点で平子郷から本目（本牧）郷に変わっていた点が注目される。以後、本目郷は北条氏の支配下に入り、平子氏は平子郷を放棄した。

平子氏は慶長三年（一五九八）の上杉景勝の国替により陸奥に移り、関ケ原合戦後には米沢に移り、家伝文書を伝えている（平子文書）。平子の地名に関して、井上鋭夫《としお》氏は武蔵国大楽《たいらく》寺（東京都八王子市）と推定している。同地周辺は横山党の支配地域であり、大楽寺が元々の平子氏の本拠であったが、移転先でも本拠と同じ名字と地名を称し、平子郷という地名になったと考えられる。宗瑞・氏綱の制札にある本目四ケ村は近世の北方村・本牧本郷村・根岸村・磯子村と思われる。

平子氏の菩提寺は磯子（磯子区）の真照寺（真言宗）で、『武蔵風土記稿』には元暦元年（一一八四）に平子右馬允が再興したという寺伝が記されている。また、境内にある阿弥陀堂には平子右馬允の像と伝える木像があるが、毘沙門天像のようだとある。毘沙門天像は現存し、平安後期の造立と考えられている。右馬允は有長のことで、真照寺を再興したので、武人として毘沙門天像に擬されるようになったのであろう。同寺周辺には平子氏館があったとされ、平子氏に関する伝承も残されている。

石川氏と石河村・横浜村

平子氏から分かれた石川氏に関しては、貞永二年（一二三三）四月十五日付の将軍（藤原頼経）家政所下文がある（諸州古文書）。これは経季が寛喜三年（一二三一）三月に作成した譲状によって、平□久に武蔵国久良郡平子郷内石河村と越後国山田郷地頭職を安堵したものである。前述の系図によれば経季は石川経長の子である。系図には経季の子に経久とあるので、平□久は経久となり、平子郷内の石河村を本拠としていたことになる。なお、山田郷は越後国古志《こし》郡内と推測されているが、比定地は未詳である。これらの記載から平子経長が父広長から石河村を譲られて、石川の名字を名乗り、平子氏が二系統に分かれたことがわかる。

『武蔵風土記稿』は横浜・中・堀之内村はすべて石川村であったが、後に分村したとする。横浜村の初見は嘉吉二年（一四四二）四月に比留間範数・市河季氏が石河宝金剛院に武州久良郡横浜村薬師堂免田を寄進した文書であり（宝生寺文書）、これ以前に横浜村は成立していた。ただし、この文書は干支が誤っており、検討の余地がある。この薬師堂に関して、『武蔵風土記稿』には横浜村に薬師堂があり、薬師は聖徳太子が作ったとある。元町一丁目にある増徳院薬師堂はこの薬師堂を継承したものである。

石河宝金剛院は宝生寺《ほうしょうじ》（南区堀ノ内）のことである。宝生寺は近世にはこの地域の中心的な真言宗寺院であり、中世の聖教などを所蔵している。文明八年（一四七六）九月の寄進状には「平子郷石河村堀之内談所之向彦九郎山」を宝生寺に寄進するとあり（宝生寺文書）、この時点でも石河村は平子郷に属しているという認識があった。談所は宗教に関する談義をする所という意味で、宝生寺のことである。この文書は堀之内の地名の初見だが、堀之内村として独立寸前であったと考えられる。一方、中村は中世史料には見えない。こうした前提の元で近世初期に石川村が横浜・中・堀之内村の三村に分村したのである。なお、堀之内は武士の館が存在したことを示す地名なので、堀之内村に石川氏の館があったと思われる。

南北朝期には石川氏は上杉氏家臣になっていた。鎌倉後期の石川氏に関する史料はないので、既に没落していた可能性がある。先述した長尾氏も宝治合戦で没落し、その後上杉氏家臣となっているので、同様の経緯が考えられる。石川氏は越後に移り、その後も上杉氏家臣として続いた。

飯田氏と永福寺との相論

飯田五郎家義は石橋山合戦で頼朝を助けるなど活躍したが、その後、飯田氏や飯田郷（泉区）はどうなったのであろうか。『吾妻鏡』延応元年（一二三九）正月三日条に飯田五郎家重が見える。また、寛元二年（一二四四）正月三日条に見える飯田五郎も五年後なので、家重であろう。家重は名乗りが家義と同じなので、この時点での惣領と考えられる。家義は頼朝挙兵の時にそれなりの年齢であったと思われるので、家重は孫にあたると推測される。『吾妻鏡』には他に飯田次郎・飯田左近将監・飯田太郎が見えるが、実名や系譜関係は不明である。

飯田郷に関しては、飯田氏と永福寺の間での相論を裁許した関東下知状がある（相模文書・杉浦文書・神田孝平氏所蔵文書）。これは幕府の引付で審理が行なわれた内容を記し、執権・連署が署名したもので、永仁六年（一二九八）七月・正安元年（一二九九）十月・元亨二年（一三二二）二月・元徳三年（一三三一）八月の計四通残っている。各下知状は興味深い内容のものだが、紙数の関係でいくつかの論点に限定して述べておく。

①飯田郷の領主は永福寺にある薬師堂の供僧であった。永福寺は頼朝が奥州合戦で、平泉にあった毛越寺《もうつうじ》・中尊寺の二階大堂（大長寿院）などを見て、建立を決意したもので（『吾妻鏡』文治五年九月十七日条）、建久三年（一一九二）十一月に落慶供養が行なわれた。中央に二階堂、左右に阿弥陀堂・薬師堂があり、前面に浄土式庭園があった。飯田郷は頼朝が永福寺に寄進したものであろう。薬師堂の各供僧に飯田郷が分割して与えられ、地頭である飯田氏が供米（年貢）を納入することになっていた。だが、飯田氏は年貢を納入せず、供僧は幕府に訴えたのである。

②飯田郷は飯田氏の間で分割され、個別の地頭職は一分地頭職と呼ばれていた。元々は飯田郷は飯田家義が惣領として郷全体の地頭職を頼朝から補任されていたが、分割相続により各人の持ち分は細分化していた。たとえば、飯田四郎の孫娘の藤原氏の一分地頭職はわずか五段で、供米は一石五斗であった。飯田郷全体の供米は百八十石なので、百二十分の一に過ぎず、細分

化の進行度がわかる。勿論、分割相続は均等ではなく、女子分は少ないので、必然的に小面積になるが、男子の分も女子ほどではないが、小面積であり、惣領分もかなり少なくなっていたと思われる。

③永仁六年時点の惣領は義綱で、飯田四郎孫娘の藤原氏の未納分の一部を立て替えて納入していた。これは惣領が庶子分の年貢を肩代わりしていたことを意味する。また、元亨二年の時点での惣領は飯田藤五郎家頼であった。鎌倉前期の惣領は五郎家義・五郎家重なので、飯田氏の惣領は五郎を名乗り、通字は家または義であったことがわかる。

④年貢の納入に関しては、永福寺にいる供僧に直接納入するか、飯田氏の寄宿で供僧の使者に渡すかが問題となっていた。寄宿とは他人の家や寺社に仮に住んでいることを意味するので、飯田氏は鎌倉では別人の屋敷に仮住まいしていたことになる。飯田氏の本拠は鎌倉に近いので、鎌倉に屋敷を構えなかったのであろう。また、使用する桝に関しては、寺家の桝と地頭が所持する桝のどちらなのかが問題となっていた。収納する寺側は桝の容積が大きい方がよく、納入側の飯田氏としては小さい方がよいので、桝の容積は重要な問題であった。

以上のように飯田郷では供米の納入をめぐり、相論が起きていたが、残された下知状は一部であり、永福寺は数多くの訴訟を行なったと見られる。飯田郷は多くの飯田氏一族により分割されていたので、訴訟の相手自体も多数に上り、それを受理する幕府、相論当事者の永福寺、飯田氏一族にとって負担であった。飯田氏は幕府滅亡時まで飯田郷の地頭職を所持していたと見られるが、南北朝期以降は史料に見えず、没落したと思われる。

飯田氏の館は泉区下飯田町に本郷という地名が残るので、その付近にあったと思われる。従来は同町の台地上に大きな堀が残っていたので、そこが飯田氏の館とされてきたが、鎌倉時代の武士の館には大きな堀はないので、この堀は南北朝以降に掘られたと思われ、飯田氏の館である可能性は低い。室町時代には飯田郷は鶴岡八幡宮領となっている。永福寺は鎌倉幕府の保護を受けられなくなったため、飯田郷を失ったと考えられる。

新羽郷地頭の大見氏

鎌倉幕府成立後、市域外を本拠とする武士が市域内に地頭職を与えられることもあった。以下ではその事例を紹介しておこう。正応三年（一二九〇）に新羽郷（港北区）地頭の大見定村の遺領をめぐって、嫡子頼村と継母である後家平氏の間で相論が起きた。頼村は定村の中陰《ちゅういん》（四十九日の法要）の時に継母が僧を追い出し、念仏を止めたと述べたが、これを悪口《あっこう》とした継母の主張が認められ、遺領は継母に与えられた（新編追加）。法廷で悪口を述べると咎になり、悪口をした者が敗訴になる規定があり、新羽郷は継母に与えられたのである。

大見氏は伊豆国大見郷（静岡県伊豆市）を本拠とする武士で、平姓宇佐美氏の一族である。

頼朝の時には宇佐美実政が活動しており、大見氏はその子孫である。大見氏は越後国白川（白河）庄（新潟県阿賀野市）の地頭職を与えられ、南北朝以降は越後の有力な国衆として発展し、水原《すいばら》・安田・山浦氏に分かれた。戦国期には上杉氏に属し、近世には米沢藩士となり、古文書を伝えている。新羽郷が与えられた時期は不明だが、鎌倉時代に新羽郷が存在したことがわかる。なお、宇佐美氏には工藤祐経の弟宇佐美祐茂《すけもち》に始まる藤原姓の家もある。

小帷郷地頭の臼田氏

　延慶四年（一三一一）二月の滋野経長譲状には孫の宮一丸に武蔵国帷子郷内（保土ケ谷区）の名田・在家と信濃国田中郷（長野県東御《とうみ》市）を譲るとある（以下すべて臼田文書）。その後、貞治六年（一三六七）三月の沙弥至中譲状に子臼田直連に信濃国海野庄田中郷内の知行分と「武蔵国師（岡脱）保小帷郷内名田・在家等地頭職」を譲るとある。また、応永三十二年（一四二五）二月の沙弥定勝の譲状には孫の臼田小四郎滋野貞氏に「師岡保小帷郷内岸弥三郎入道作本町田六段・在家一宇等」を譲るとある。

　これらの譲状は臼田氏に伝来したもので、同氏が師岡保小帷郷の地頭職を所持していたことがわかる。臼田氏は信濃を本拠とする滋野氏の一族である。正中三年（一三二六）三月の関東下知状は臼田重経が以前に咎により没収された所領三分の一を返付することを伝えたものである。鎌倉後期には所領三分の一の没収が行なわれており、称名寺も上総にある東盛義の所領三分の一を獲得している（金沢文庫文書）。この文書が臼田氏の名字の初見で、年代から見て重経は滋野経長から所領を譲られた宮一丸と同一人物と考えられる。祖父の時点では滋野姓で、重経の代になり臼田の名字を名乗っている。

臼田（長野県佐久市）は信濃国伴野《ともの》庄内の郷である。伴野庄は甲斐の御家人小笠原氏の一族伴野氏が地頭職を持っていたが、弘安八年（一二八五）の霜月騒動で没収され、その後は北条氏一族が庄内の各郷の地頭となった。滋野氏と伴野氏は別の家だが、近隣の武士なので婚姻関係があり、女系を通じて臼田郷が滋野氏の所領になり、臼田氏を名乗るようになったと考えられる。だが、霜月騒動で伴野氏に連座して、臼田郷を没収され、臼田氏の所領は帷子郷と信濃国田中郷のみとなったと思われる。田中郷はこの系統の滋野氏の本領で、建長六年（一二五四）十一月の将軍（宗尊親王）家政所下文には海野庄加納田中郷を父田中光氏の譲状によって、滋野経氏に安堵するとあり、この時点では本領である田中を名字としていた。帷子郷は時期は不明だが、幕府から新規に与えられたものである。

鎌倉後期には武蔵国帷子郷、南北朝期以降は武蔵国師岡保小帷郷と郷名が変わっている。師岡保の表記が加わった理由については先述した。帷子郷から小帷郷へ変化した理由は明確ではないが、帷子川河口の北は師岡保、南は榛谷御厨と推測され、帷子川河口の南側が帷子郷の中心となったため、区別するために北側が小帷郷となったとも考えられる。保野郷が境川の両岸にあったように帷子郷も元から帷子川の両岸にあったと思われる（地図8参照）。

応永三十二年の沙弥定勝の譲状では師岡保小帷郷内岸弥三郎入道作本町田六段・在家一宇等とあり、譲与分が極小化しているが、分割相続を繰り返したためである。岸弥三郎入道は名字を名乗っているので有力な百姓で、武士に近い存在であったと推測される。現在も市域各所に岸という旧家があるが、この岸氏はその源流と思われる。

色部氏と阿久和郷

正慶二年（一三三三）三月に色部《いろべ》長行は御前（正室）に越後国小泉庄牛屋条（新潟県村上市）内の在家と田、相模国阿久和郷（瀬谷区）の八郎三郎入道の在家と田九段を譲っている。同月に長行は嫡孫の長高に小泉庄牛屋条、信濃国下和田、相模国阿久和郷内の新平次の在家と田を譲っている（古案記録草案）。色部氏は秩父平氏の一族で、小泉庄色部条（新潟県村上市）に地頭職を得て、本拠とし色部氏を名乗った。

この色部氏の所領に阿久和郷があった。阿久和郷は柏尾川の支流阿久和川の最上流にあり、鎌倉郡に属していた。国名の下に荘園名はないので、国衙領であり、他の阿久和川流域も国衙領であったと見られる。両人ともに阿久和郷内の在家一つと付属する田を譲られている。これも分割相続により所領が細分化したもので、元々は阿久和郷全体の地頭職を幕府から与えられていたと思われる。

その後、文和三年(一三五四)十月に色部長高は阿久和郷、鎌倉の屋□（地カ）などを女子千代童に譲っている(同右)。色部氏が鎌倉に屋敷を持っていたことがわかるが、阿久和郷は鎌倉に近いので、鎌倉の屋敷を通じて支配していたと思われる。南北朝以後は遠隔地所領の支配は困難になるので、この譲渡も形式的なものであり、既に支配の実態を失っていたと思われる。色部氏は戦国時代には越後の有力な国衆となり、上杉謙信や景勝の元で活躍し、近世には米沢藩士となり、多数の古文書を伝えた。

鶴見寺尾郷絵図と領主

鶴見寺尾郷絵図と呼ばれる絵図がある。元々は松蔭寺（鶴見区東寺尾）に伝来したものが明治時代に流出し、その後金沢文庫の所蔵となったものである。この絵図は鎌倉末期の村落の景観がわかるとして、多くの研究が行われ、特に高島緑雄氏は詳細な分析をしている。以下では紙数の関係で、いくつかの論点を述べることにする（二一〇―二一一頁のトレース図参照）。

絵図の概要は次のようなものである。各所に田・野畠・道などが描かれ、地名・寺社名・領主名・百姓の名前などの字が記されている。中央の少し下に大きな建物が描かれ、寺とある。外側には細い赤線が引かれ、数箇所に「本堺堀」とある。本堺堀は主に谷の奥、または台地と谷の境界をなぞり、中央部分を囲んでいる。本堺堀の外側の上部左側に「寺尾地頭阿波国守護小笠原蔵人太郎入道」、上部右側に「師岡給主但馬次郎」、右側に「末吉領主三島東大□」と三人の領主名がある。その内側に黒線が引かれ「新堺押領」とある。本堺堀の内側は次の裏書によれば建長寺正統庵の所領であったが、これらの領主が本堺堀を越えて、「新堺押領」とある線まで押領していたことがわかる。

裏書には「建武元　五　十二　正統庵領鶴□□□□図」とあり、破損により「鶴」以下が読めないが、「鶴見寺尾郷」と記されていたと推測され、両郷は正統庵領であった。絵図の作成目的は諸説あるが、押領行為を訴えたものと考えられる。建武元年（一三三四）作成なので、訴訟先は京の建武政府または鎌倉将軍府となるが、鎌倉幕府滅亡直後なので、絵図自体は鎌倉末期の状況を記したものである。

この記載により各郷の領主がわかる。寺尾郷（神奈川区・鶴見区）の地頭は阿波国守護の小笠原長義である。小笠原氏は甲斐出身の御家人で、承久三年（一二二一）以降は阿波守護を務めていた。室町時代以降は一族が弓馬や饗応など武家故実の家とされ、近世以降は小笠原流と呼ばれた。この点で注目されるのが、絵図中の本堺堀と新堺押領の線の間の台地上に記されている「犬逐物原」である。「犬逐物原」は犬追物《いぬおうもの》を行なう原のことである。犬追物は円形の馬

鶴見寺尾郷絵図のトレース図（高島緑雄『関東中世水田の研究』日本経済評論社刊所収のものを転載）

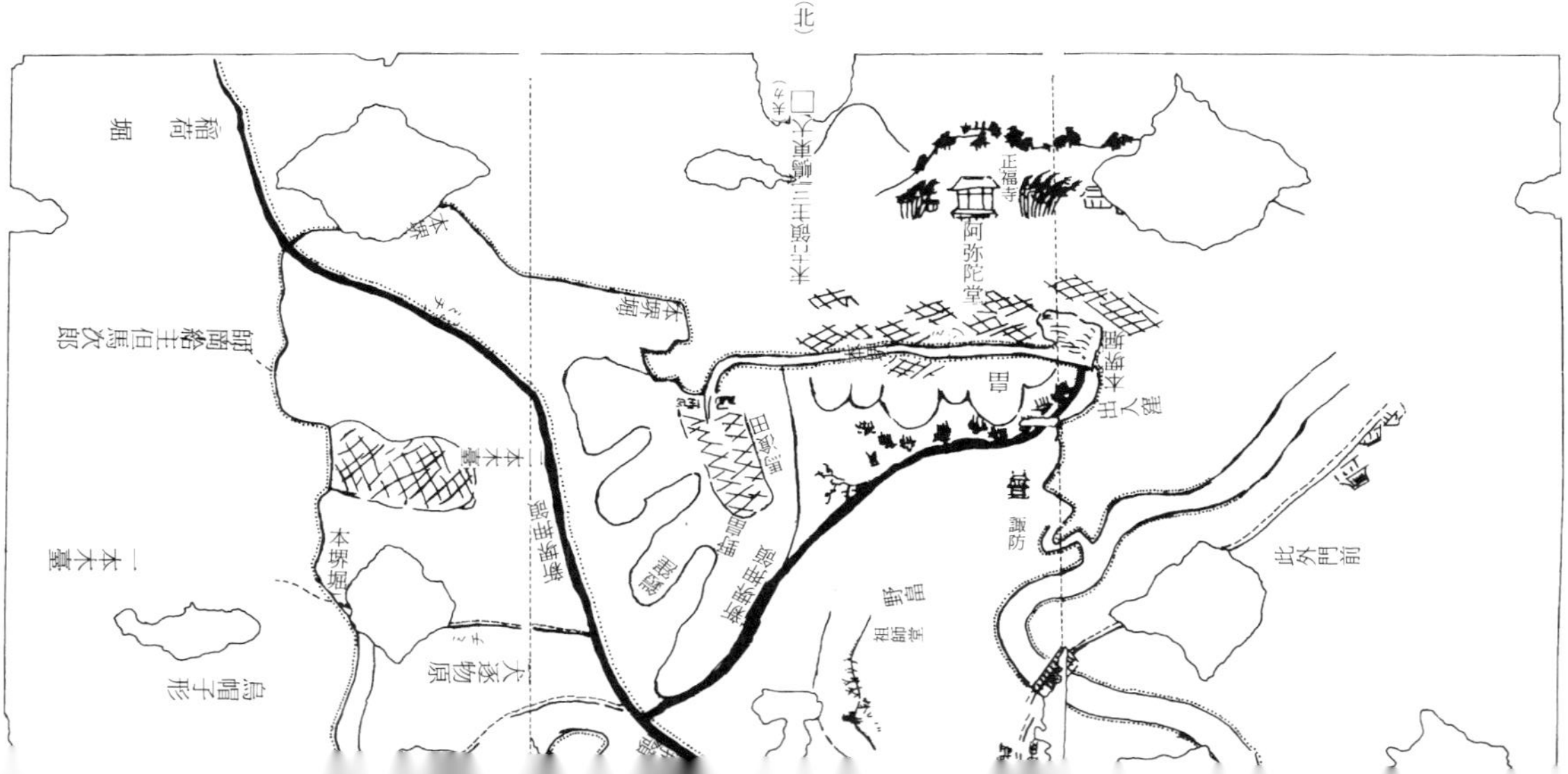

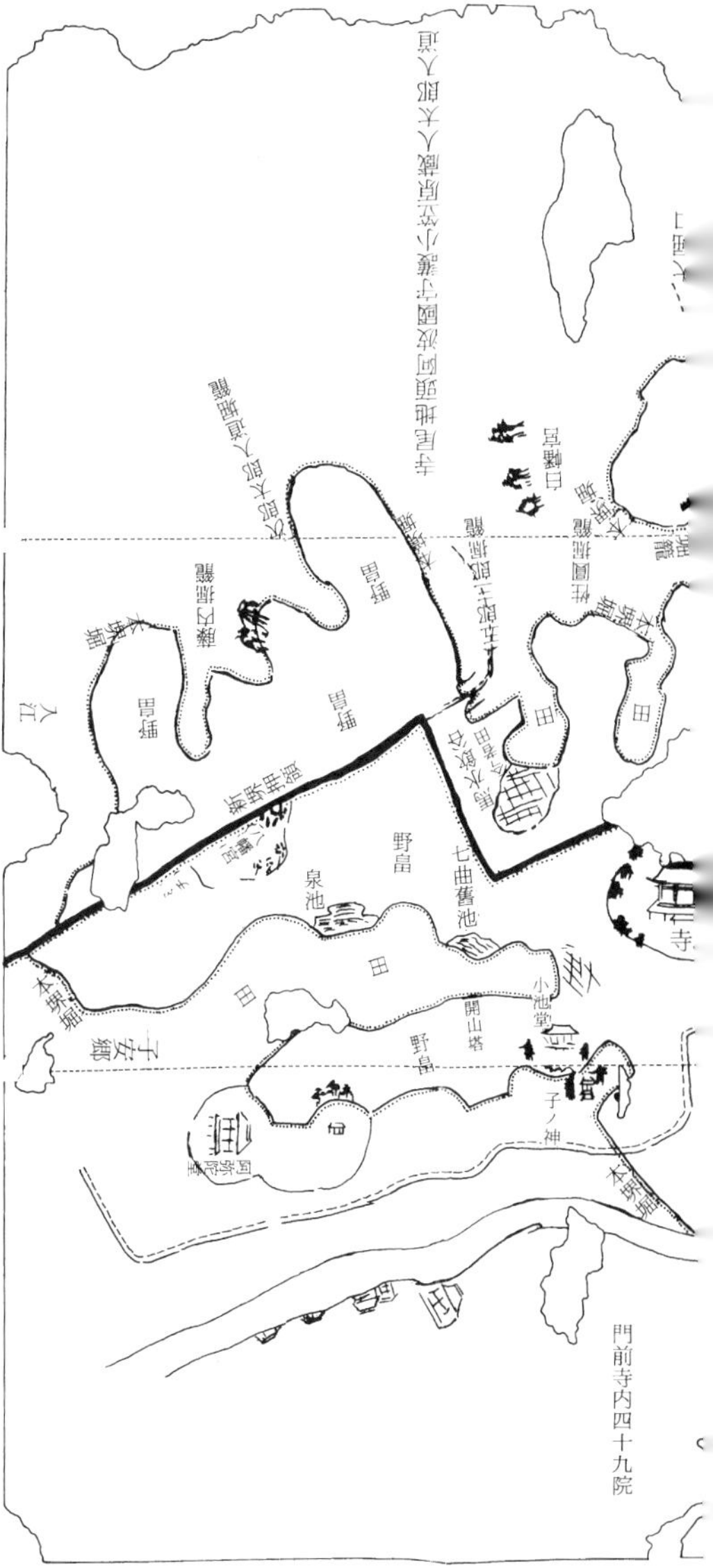

（南）

場に放した犬を馬上から蟇目《ひきめ》の矢で射る騎射で、鎌倉時代以来武士の間で流行し、その慣習が武家故実となっていた。つまり、小笠原氏は押領地に犬追物を行なう場を設定していたことになる。

師岡給主但馬次郎は父が但馬守で、その次男という意味である（次男でないこともある）。師岡は師岡保ではなく、師岡郷と思われる。給主とは鎌倉時代に北条氏や足利氏など有力武士の所領に設置された地頭または地頭代を指し、北条氏の場合は給主（地頭代）に家臣を任命していた。師岡給主とあるので、師岡郷は北条氏の所領で、但馬次郎は北条氏家臣と考えられる。近世には師岡村の東隣の獅子ケ谷村の名主が横溝氏で、その周辺地域にも同姓の旧家がある。横溝氏は得宗被官として知られるので、同姓の家の存在は注目される。

一方、鎌倉時代には北条氏一族は名字ではなく、官途名で記されるのが一般的なので、但馬次郎を北条氏一族とする説もあるが、各種の北条氏系図には但馬次郎に該当する人物は見当たらない。いずれにせよ、但馬次郎の実名や系譜などは不明であり、今後の課題である。

末吉領主三島東大□は三島社（静岡県三島市）の神主で、末吉郷（鶴見区上末吉・下末吉）を所領としていた。末吉は寺尾郷の東、鶴見郷の北にあたり、東を鶴見川が流れている。三島社の神主は東大夫と西大夫の二家があり、頼朝以来将軍家が箱根・走湯山（伊豆山）神社と共に三島社に参詣する慣習があった（二所詣）。三島社は幕府の崇敬が厚かったので、末吉郷を寄進されたのであろう。末吉の場合は領主とあり、地頭や給主ではない点が注目される。末吉郷が師岡保に属していたかは不明だが、いずれにせよ国衙領であり、年貢は国衙に納入されていた。この場合は三島東大夫が年貢を収納できる立場にあり、同時に地頭でもあったので、領主と表現されたと考えられる。武蔵の国衙領は関東御領であり、幕府が預所と地頭両方を補任できた。

鶴見郷と寺尾郷の領主正統庵

鶴見・寺尾郷の領主に関しては、応安四年（一三七一）十月の隼人佑某禁制に「建長寺正統庵領武蔵国鶴見郷同新市事」とあり、鶴見郷は建長寺の塔頭《たっちゅう》正統庵の所領であった。この点と絵図の裏書から寺尾郷と鶴見郷は正統庵領と考えられる。ところが、延文三年（一三五八）八月の文書によれば「当社御領武蔵国鶴見郷分」として、鶴岡八幡宮寺放生会用途が納入されており（鶴岡八幡宮文書）、鶴見郷は鶴岡八幡宮領であった。その後の永和三年（一三七七）にも鶴見郷は鶴岡八幡宮領であった（同右）。つまり、同時期に鶴見郷は正統庵と鶴岡八幡宮両方の所領であったことになる。先述したように、鶴見郷は安達氏の所領で、地頭職と保司（預所）職の両方を所持していたと推測されるが、霜月騒動により没収され、その後、建長寺と鶴岡八幡宮に片方ずつが与えられたため、両者が領主と表現されたと思われる。ただし、両者が所職を与えられた時期は不明である。

寺尾郷に関しては本堺堀の内側が正統庵領、外側が小笠原氏の所領になっており、絵図作成以前に分割されていた。元々は寺尾郷の預所職（保司職）は正統庵、地頭職は小笠原氏が所持していたが、年貢納入や所領支配をめぐって相論が発生し、下地中分が行なわれたと思われる。絵図の本堺堀から見て、寺尾郷の西側の谷部分は小笠原氏の所領である。一方、正統庵は寺尾郷の東側の谷と大部分の台地を所領としており、面積としては正統庵領の方が広いが、水田である谷部分は小笠原氏の方が広く、米の生産量では小笠原氏の方が利益が大きい。下地中分と言っても双方の力関係や利害により、半分とは限らず、偏った分割になることも多かった。

絵図に見える水田と野畠

正統庵の所領は台地部分が多いが、各所に野畠と記されている。野畠は文字通り野にある畠で、台地上の各所に存在していた。百姓の家は描かれていないが、谷部分にあったはずである。小笠原氏の所領には谷ごとに「藤内堀籠」、「次郎太郎入道堀籠」などとある。市域の近世の村では谷ごとに特定の家が所有する水田が集中していることが多いが、藤内などの百姓も谷ごとに水田を開発・所有しており、その状況が絵図に描かれたと考えられる。また、谷の延長線上の台地上にも野畠を開発・所有していたのであろう。この野畠は「本堺堀」の赤線と新堺押領の黒線の間にあるものが多く、元は正統庵領の野畠であったが、小笠原氏に押領されている。一般に畠の生産性は水田に比べて低いとされているが、野畠の実態を検討する必要がある。

絵図には本堺堀の内側の谷の奥に格子状の線が引かれ、「馬水飲谷、今者田」と記されている所がある。これは谷の奥が元々は馬が水を飲むような湿地であったが、その後、水田に開発されたことを示している。この田も「本堺堀」の赤線と新堺押領の黒線の間にあり、小笠原氏に押領されていた。馬水飲谷が比喩表現ではなく、実際に馬が水を飲んでいたならば、台地上に馬がいたことになる。先述したように、台地上には「犬逐物原」があったので、小笠原氏が放牧していた馬が谷に下って水を飲むことがあったのだろう。

谷の奥は日当たりが悪く、台地からの湧水が溜まりやすいので、水田には適していないが、排水をしたり、谷の斜面の樹木の伐採などを行い、水田に開発したと考えられる。他に末吉郷の本堺堀と新堺押領の間にも格子状の線があり、「馬喰田」と記されている。この水田も同様に谷の奥にあり、放牧中の馬が末吉郷まで来て、稲を食べることがあったと思われる。

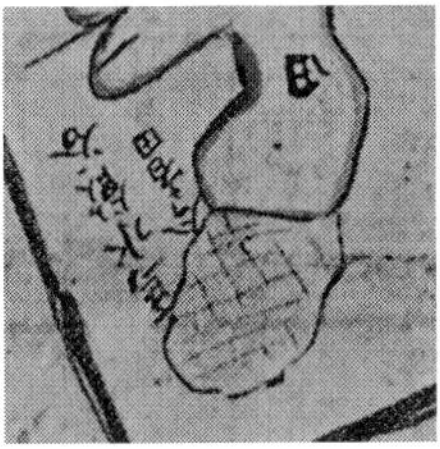

「馬水飲谷、今者田」の部分
神奈川県立金沢文庫所蔵

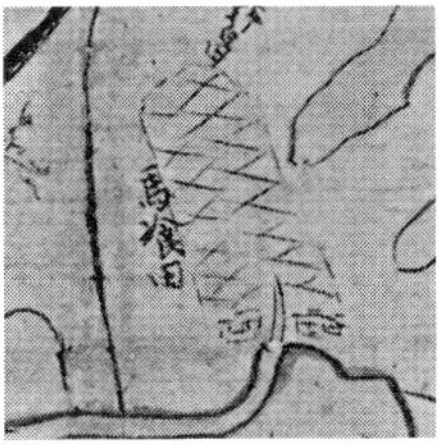

「馬喰田」の部分
神奈川県立金沢文庫所蔵

市域の鶴岡八幡宮領

絵図の左側（南）には子安郷、その上には入江の文字が記されている。子安郷の初見史料は「正応五年五月九日讃始、武蔵国子安之郷住人某之子安郷讃」とある聖教で、正応五年（一二九二）以前から子安郷は存在した（金沢文庫文書）。その後、鶴岡八幡宮の供僧が記した『香蔵院珍祐記録』の長禄五年（一四六一）八月条には「入江・子安並矢古宇」の代官を守護内者周藤が望むとあり、入江・子安・矢古宇《やこう》（埼玉県草加市）は鶴岡八幡宮領であった。寺尾・鶴見・子安郷周辺の菊名・篠原・太尾（ともに港北区）・平尾（神奈川区）も同社領である（鶴岡脇堂供僧次第）。これらが鶴岡八幡宮領になった時期は不明だが、太尾に関しては同郷の分田を正和五年（一三一六）に供僧八人に分けているので（同右）、鎌倉後期には所領になっている。他の郷も同様と考えられ、地域的にまとまっている点から同時に与えられた可能性が高い。

鶴岡八幡宮領には八幡神社が勧請されるが、近世の篠原村・太尾村・菊名村に八幡社があり、所領であった時に勧請されたと考えられる。平尾は近世の神奈川町の小名に平尾谷・平尾前があるので、神奈川郷内の地名である。文永三年（一二六六）五月に北条時宗は鶴岡八幡宮領稲目（川崎市）・神奈川郷に役夫工米《やくぶたくまい》（伊勢神宮の造営費用）を免除するように、武蔵目代に伝えているので（鶴岡八幡宮文書）、これ以前から鶴岡八幡宮領であり、その一部が供僧に与えられていた。時宗は武蔵国司であったので、伊勢神宮の造営費用として賦課された役夫工米の免除を目代に伝えたのである。

なお、市域にある他の鶴岡八幡宮領としては岡津郷（泉区）、矢部郷、富塚郷（ともに戸塚区）、先述した長尾郷（栄区）があった（鶴岡八幡宮寺供僧次第）。岡津郷に関しては、文永七年閏九月の関東下知状で供僧の幸猷と地頭の甲斐為成の間の思津（岡津）郷の年貢納入に関する相論に裁許を下している（相承院文書）。内容は幸猷は頼朝の時に供僧に給田が与えられたので、相論になっている水田八町八段の支配権の賦与を望んだのに対し、地頭は請所と主張したが、年貢を幸猷に納入するように命じている。これによれば、既に岡津郷は頼朝の時から鶴岡八幡宮領であった。

矢部郷に関しては、宝治元年（一二四七）六月に将軍藤原頼嗣は相模国矢部郷を寄進している（鶴岡八幡宮文書）。近世には矢部郷は戸塚宿の三町の一つになったが、鎮守は八幡宮であった。なお、『鶴岡八幡宮寺社務職次第』には鎌倉郡谷七郷の中に長尾郷・矢部郷が見える。富塚は戸塚のことで、『相模国風土記稿』では正保の時に戸塚と改めたとし、近世には戸塚宿の三町の一つ戸塚町であった。建久二年（一一九一）十一月に源頼朝が相模国村岡郷内（藤沢市）と富塚内田畠屋敷を寄進した寄進状があるが（相州文書所収香象院文書）、偽文書と見られている。とは言え、『鶴岡八幡宮寺供僧次第』に供僧の所領として富塚が見えるので、鶴岡八幡宮領であった。戸塚には東海道に面して富塚八幡社があり、源頼義・義家による勧請という由緒を伝えている。境内の裏には古墳があり、富塚の由来とされている。

郷村の境界と台地・谷

子安郷は絵図では海岸一帯で、近世の生麦村（鶴見区）と東・西子安村（神奈川区）の一部、入江郷はその西側一帯で、近世の東・西子安村の一部にあたる。『武蔵風土記稿』には東子安村と西子安村の領域は錯綜しているとある。この付近には他に新宿村があったが、海岸沿いの漁村である。また、絵図では子安郷と入江郷の台地部分が本堺堀の内側になっている点が注目される。さらに絵図では泉池・七曲旧池が本堺堀の内側の谷の奥に描かれている。この二つの池は近世の生麦村の領域にあるので、中世には子安郷内にあったことになる。

こうした点からすると、従来は正統庵領は鶴見郷と寺尾郷とされてきたが、子安郷や入江郷の台地部分を含むことになる。一方、両郷の谷部分は両郷が鶴岡八幡宮領であったのが鎌倉後期に遡るならば同社領となる。二つの池は高島緑雄氏が指摘しているように、子安郷の水田に用水を供給する目的で造成されたものだが、池自体は正統庵領にある。この点をどのように理解するのかが問題となるが、今後の課題である。これは中世や近世において、郷や村の領域がどのようにして決まるのかに直結する問題でもある。

市域における近世の村の境界は台地の尾根筋（最も高い所）であることが多く、それが現在も受け継がれ、区や町の境界となっている。一方、絵図と同様に谷と台地の境界が村境になっている場合もある。たとえば、白幡村（神奈川区）は溜池である白幡池から用水を引いているが、この池は谷の奥にあり、周囲の台地は篠原村（港北区）である。白幡池自体は白幡村に属し、池がある谷と台地が両村の境界となっている。

また、菊名池は菊名村や大豆戸村（ともに港北区）に用水を供給するための溜池だが、北から南に入る谷の最も奥にあり、西側の台地は篠原村、谷は菊名村であり、やはり谷と台地が両村の境界となっている。菊名池は妙蓮寺駅のすぐ北にあるが、駅の少し南が分水嶺で、菊名村と篠原村の境界となっている。菊名池からの用水は鶴見川水系、駅の南側や白幡池は入江川水系である。菊名村・篠原村・白幡村は絵図に描かれていた地域に隣接しており、絵図と同様に谷と台地が村の境界になっている点は共通する。市域における谷や台地、溜池、水系、村境の在り方に中世の歴史が刻印されている。この絵図もそうした点を考える上で多くの示唆を与えるものである。

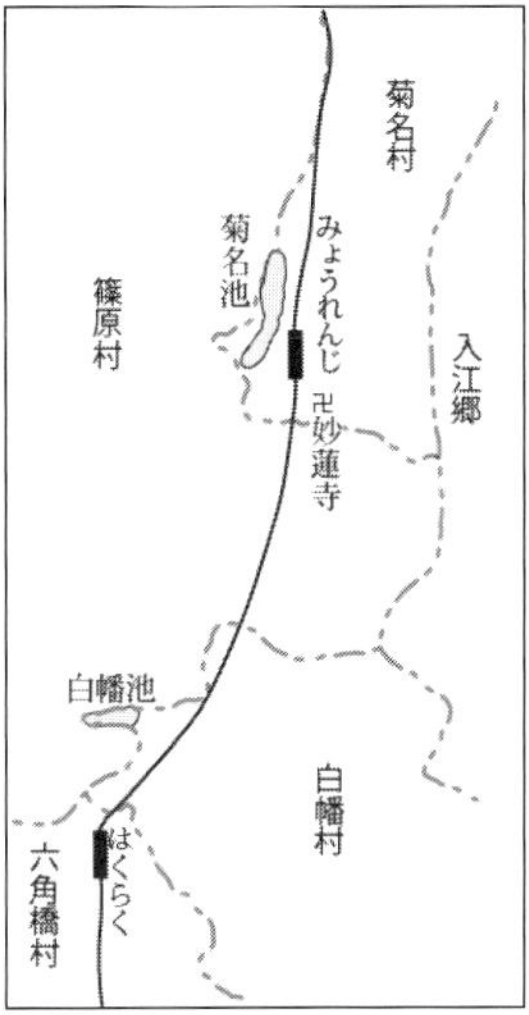

地図14　白幡池・菊名池と篠原・白幡・菊名村の境

あとがき

私は港北区太尾町で生まれた（両親は富山県出身）。その後、妙蓮寺駅の近くにある菊名池の近所に移り（当時は港北区篠原町）、小恵《しょうけい》幼稚園に通った（今はない）。昭和三十九年（一九六四）十月に東海道新幹線が開通し、東京オリンピックが開催されたが、幼稚園にあったテレビで何かの競技を見た記憶がある。その頃、新横浜駅を見下ろせる台地上に行くことがあり、その時の写真が残っている。駅周辺は農地と荒地のみで、何もなかった。新横浜駅は現在も篠原町に属し、裏口は篠原口と呼ぶ。台地上には篠原八幡神社があり、八幡様と呼ばれ、縁日はにぎわっていた。幼稚園の遠足で野毛山動物園に行ったが、その時に同学年の園児の父が撮った8ミリの映像が残っている。その後、篠原小学校に入学した。この頃の篠原にはまだ畑や農家があり、小学校の下の斜面でさつまいも掘りをした。

　二年の秋に南区中里町に移り、南小学校に転校した。家は台地の斜面を造成した所にあり、かなりの急坂を登った。転校した時には小学校などで赤痢の集団感染が起きていて、最初の頃は授業がなかった。小学校の近くには大岡川が流れていたが、当時は川沿いにあった捺染《なっせん》工場の排水がたれ流しで、川の水が日替わりで変色していた。なお、その付近ではＮＨＫの朝ドラの「北の家族」のロケが行なわれた（一九七三〜七四年）。その頃は弘明寺商店街に買物によく行った。また、三八の日に縁日があり、にぎわっていた。家からは坂を降り、狭く長い谷を抜けると五ツ角になっていた。そこで左に曲がる道を進むと商店街の入口に着いた。実はその道が鎌倉下道と推定されている道であったが、当時はそんなことは知らなかった。道の右側が商店街の入口で、左側には弘明寺の山門と仁王像が見えた（地図9参照）。

入口から商店街を進むと大岡川を渡る橋が架かっているが、そこでは傷痍軍人がアコーディオンを弾いていた。その物悲しい音色が印象的であった。橋は網野善彦氏の論によれば無縁の場（無所有地）であり、この情景はそれを示すものだと後に思った。橋を渡り、さらに進むと通称鎌倉街道に出る。そこが商店街の出口で、左側には本屋があった（現存）。鎌倉街道の向かい側が横浜国立大学の正門であったが、この頃は学生運動が盛んであり、封鎖されており、時には学生と機動隊が衝突するなど物々しい雰囲気であり、商店街とは別世界であった。また、そこは横浜市電の終点の弘明寺駅でもあり、それに乗って伊勢佐木町に行くこともあった。

この頃に別所（南区）の奥の方に行ったことがあるが、そこ（港南区芹が谷）には服部牧場があり、牛がいたので、びっくりした。当時はそこが武蔵と相模の国境であることは知らなかったが、後でそうした場所だから土地が空いていたので、牧場があったのだと納得した。この牧場は後に神奈川県愛川町に移ったが、ＮＨＫの朝ドラの「なつぞら」（二〇一九年）を見ていたら、そこで牛の厩舎のロケをしていることに気づき、その時の記憶が甦った。また、高校になってから近世には永田村（南区）の名主が服部氏で、その周辺に服部という家が多いことを知った。

中学は南が丘中学（南区別所）であったが、裏側を鎌倉下道が通っていた。この頃には上大岡に買物に行くことがあったが、その途中で、もちゐ（餅井）坂の登り口を横切った。『廻国雑記』には道興がもちゐ（餅井）坂で詠んだ「行つきて見れともみえすもちゐ坂た、藁靴に足をくはせて」という和歌が記されている。坂の登り口にはこの和歌を刻んだ石碑が立っていた。この頃は薄暗く古道の雰囲気が残っていたが、その後坂の途中にマンションが建てられ、景観は台無しになってしまった。

高校は横浜緑ケ丘高校（中区本牧緑ケ丘）で、校名通りに台地上にあった（地図13参照）。通学路は山手駅から急坂を登り、台地の上に出て平坦な道を進んだ後に、坂を下ってから再び登るというアップダウンがあった。当時は登り下りが面倒だと思っただけであったが、後になってから、細くて長い延びた谷を通学路が横切っていて、それは台地に多くの谷が入り込むという市域の地形的特徴によることを再認識した。

当時は知らなかったが、校内には平台貝塚という縄文時代の貝塚があった。それを知った後であたりを探すと校庭や学校の周囲に石灰化した貝があった。縄文海進により、谷や低地は海となり、台地上で生活した人々が周囲の海で魚介類を取っていたことを示す遺跡である。小学校の時に社会見学で行った三殿台遺跡（磯子区）も台地上にある。学校の周囲には米軍の家族が住む住宅があり、広々とした芝生に囲まれた敷地は別世界であった。

以上、自分の経験や感じた事を書いてきたが、これ自体も一種の歴史資料と言え、本書の記述のバックボーンになっている。歴史資料は文献史料が中心であり、本書でもこれが基本だが、板碑・五輪塔などの石造物、発掘された物、伝承、水系や地形・地質、景観、自己の経験などの様々な資料を参照することが必要不可欠である。特に地域の歴史を書く上では自己の経験や日常的な風景も重要な資料となり、それらを材料にして歴史を考えることで、経験や風景に新たな認識をフィードバックすることもできる。ある意味では歴史は自己との対話である。

【参考文献】（辞典など巻数が多いものや継続中のものは巻数・出版年を省略した場合がある）

▼書籍・論文

阿諏訪青美「新指定文化財・港北区法華寺蔵の大般若経をめぐって」（『武蔵国鶴見寺尾郷絵図の世界』神奈川県立金沢文庫、二〇一一年）
阿部正道『かながわの古道』（神奈川合同出版、一九八一年）
網野善彦『日本の歴史 10 蒙古襲来』（小学館、一九七四年）
網野善彦『中世東寺と東寺領荘園』（東京大学出版会、一九七八年）
網野善彦「桐村家所蔵「大中臣氏略系図」」（『日本中世史料学の課題』弘文堂、一九九六年）
網野善彦『異形の王権』（平凡社、一九八六年）
網野善彦・石井進・稲垣泰彦・永原慶二編『講座日本荘園史 2 荘園の成立と領有』（吉川弘文館、一九九一年）
石井進『石井進著作集 第四巻 鎌倉幕府と北条氏』（岩波書店、二〇〇四年）
井上鋭夫『上杉謙信』（新人物往来社、一九八三年）
岩橋春樹・西岡芳文・福田誠「[座談会]鎌倉の廃寺を語る―中世都市の栄枯盛衰―」（『有鄰』第四七四号、二〇〇七年）
大友靖衛監修『神奈川の自然をたずねて』（築地書館、一九九二年）
尾崎康「群書治要とその現存本」（『斯道文庫論集』№25、一九九〇年）
海津一朗「中世社会における「囚人預置」慣行」（『日本史研究』二八八、一九八六年）
風巻景次郎『西行と兼好』（角川書店、一九六九年）
角川源義『語り物文芸の発生』（東京堂出版、一九七五年）
亀田俊和『観応の擾乱』（中公新書、二〇一七年）
川合康『源平合戦の虚像を剥ぐ』（講談社、一九九六年）
櫛田良洪『真言密教成立過程の研究』（山喜房佛書林、一九六四年）
国井洋子「中世東国における造塔・造仏用石材の産地とその供給圏―上野国新田荘の天神山凝灰岩を中心に―」（『歴史学研究』第七〇二号、一九九七年）

近藤好和『源義経』（ミネルヴァ書房、二〇〇五年）
坂詰秀一編『板碑の総合研究　2』（柏書房、一九八三年）所収「7　神奈川県」（渡辺美彦執筆）
佐々木哲『佐々木六角氏の系譜　系譜学の試み』（思文閣出版、二〇〇六年）
佐藤進一『増訂　鎌倉幕府守護制度の研究』（東京大学出版会、一九七一年）
塩澤寛樹「神奈川・証菩提寺阿弥陀三尊像再考」（『神奈川県立博物館研究報告―人文科学』第25号、一九九九年）
清水亮『中世武士畠山重忠』（吉川弘文館、二〇一八年）
関靖『金沢文庫の研究』（藝林舎、一九五一年）
高島緑雄『関東中世水田の研究』（日本経済評論社、一九九七年）
高橋秀樹『古記録入門』（東京堂出版、二〇〇五年）
田中敏子「忍性菩薩略行記（性公大徳譜）について」（『鎌倉』21号、一九七三年）
田端泰子『乳母の力』（吉川弘文館、二〇〇五年）
玉村竹二『五山禅僧伝記集成』（思文閣出版、二〇〇三年）
千葉正「杲宝の立川流批判について」（『印度学佛教学研究』第五十三巻第一号、二〇〇四年）
永井晋「中原師員と清原教隆」（『金沢文庫研究』第二八一号、一九八八年）
永井晋『金沢貞顕』（吉川弘文館、二〇〇三年）
永井晋「『鎌倉証菩提寺年中行事』にみえる天台寺門流の僧侶」（『神奈川県立博物館研究報告―人文科学』第42号、二〇一五年）
永井路子『相模のもののふたち』（有隣堂、一九七八年）
芳賀善次郎『旧鎌倉街道探索の旅　上道編』（さきたま出版会、一九七八年）
芳賀善次郎『旧鎌倉街道探索の旅　中道編』（さきたま出版会、一九八一年）
芳賀善次郎『旧鎌倉街道探索の旅　下道編』（さきたま出版会、一九八二年）
林瑞栄『兼好発掘』（筑摩書房、一九八三年）
原田正俊編『天龍寺文書の研究』（思文閣出版、二〇一一年）
福島金治『金沢北条氏と称名寺』（吉川弘文館、一九九七年）

福田豊彦『中世成立期の軍制と内乱』（吉川弘文館、一九九五年）
藤原重雄「法華寺所蔵『大般若波羅蜜多経』について」（『武蔵国鶴見寺尾郷絵図の世界』神奈川県立金沢文庫、二〇一二年）
細川重男『鎌倉政権得宗専制論』（吉川弘文館、二〇〇〇年）
細川涼一訳注『関東往還記』（平凡社、二〇一一年）
松尾剛次『忍性』（ミネルヴァ書房、二〇〇四年）
真鍋俊照『邪教・立川流』（ちくま学芸文庫、二〇〇二年）
百瀬今朝雄「元徳元年の「中宮御懐妊」」（『金沢文庫研究』二七四号、一九八五年）、後に『弘安書札礼の研究』（東京大学出版会、二〇〇〇年）に収録。
森幸夫『六波羅探題の研究』（続群書類従完成会、二〇〇五年）
盛本昌広「朝比奈義秀と大力」（『三浦一族研究』第十五号、二〇一一年）
盛本昌広「『温古集録』収録の龍華寺棟札写」（『金沢文庫研究』第三三五号、二〇一五年）
安田元久『武蔵の武士団』（有隣堂、一九八四年）
柳田国男『一目小僧その他』（角川文庫、一九五四年）
柳田国男「伝説」（『定本柳田国男集　第五巻』所収、筑摩書房、一九六八年、初出は一九三〇年）
柳田国男「田螺の長者」（『桃太郎の誕生』、『定本柳田国男集　第八巻』所収、筑摩書房、一九六九年、初出は一九四二年）
柳田国男「蛇聟入話考」（『童話小考』、同右所収、初出は一九三七年）
山口隼正「入来院家所蔵平氏系図について（上）」（『長崎大学教育学部社会科学論叢』六〇号、二〇〇二年）
湯山学「山内本郷の証菩提寺と一心院―鎌倉明石谷の別当坊をめぐって―」（『南関東中世史論集　五　鎌倉北条氏と鎌倉山ノ内』（私家版、一九九九年）
湯山学『武蔵武士の研究』（岩田書院、二〇一〇年）
湯山学『相模武士　四』（戎光祥出版、二〇一一年）
湯山学『中世南関東の武士と時宗』（岩田書院、二〇一二年）
和島芳男『叡尊・忍性』（吉川弘文館、一九五九年）

▼自治体史・郷土史

『愛知県史　別編　典籍　文化財4』（愛知県、二〇一五年）
『青葉のあゆみ』（郷土の歴史を未来に生かす事業実行委員会、二〇〇九年）
『磯子の史話』（磯子区制五〇周年記念事業委員会、一九七八年）
『伊東市史　史料編　古代・中世』（伊東市、二〇〇七年）→伊東大系図
『茨城県史料　中世編Ⅰ』（茨城県、一九七〇年）→臼田文書
『神奈川県史　資料編1　古代・中世（1）』（神奈川県、一九七〇年）
『神奈川県史　資料編2　古代・中世（2）』（神奈川県、一九七三年）
『神奈川県史　資料編3　古代・中世（3上）』（神奈川県、一九七五年）
『神奈川県史　資料編3　古代・中世（3下）』（神奈川県、一九七九年）
『鎌倉市史　史料編　第一』（鎌倉市、一九五八年）→宝戒寺文書
『鎌倉市史　社寺編』（鎌倉市、一九五九年）
『川崎市史　通史編1　自然環境　原始　古代・中世』（川崎市、一九九三年）
『岐阜県史　史料編　古代・中世四』（岐阜県、一九七三年）→島田文書、京都大学所蔵古文書纂
『仙台市史　資料編1　古代中世』（仙台市、一九九五年）→奥州余目記録
『図説　都筑の歴史』（都筑区ふるさとづくり委員会、二〇一九年）
『新潟県史　資料編4　中世2』（新潟県、一九八三年）→古案記録草案
『新田町誌　第四巻　特集編　新田荘と新田氏』（新田町、一九八四年）→相模文書
『平塚市史　1　資料編　古代中世』（平塚市、一九八五年）→北条氏所領役帳
『新横須賀市史　資料編　古代・中世Ⅱ』（横須賀市、二〇〇七年）→三浦氏関係系図
『横浜市史　第一巻』（横浜市、一九五八年）
『横浜市史稿　仏寺編』（臨川書店復刻版一九八六年、初版は一九三一年）
『横浜緑区史　資料編　第一巻』（緑区史刊行委員会、一九八五年）
『横浜緑区史　資料編　第二巻』（緑区史刊行委員会、一九八六年）

『横浜緑区史　通史編』（緑区史刊行委員会、一九九三年）

▼博物館図録

『鎌倉の寺院図』（神奈川県立金沢文庫、一九八八年）
『鎌倉御家人平子氏の西遷・北遷　特別展』（横浜市歴史博物館、二〇〇三年）
『武蔵国鶴見寺尾郷絵図の世界』（神奈川県立金沢文庫、二〇〇二年）
『横浜の仏像』（横浜市歴史博物館、二〇〇一年）
『横浜の歴史と文化財展』（横浜市教育委員会、一九八九年）

▼主要な史料集

『新訂増補　国史大系　吾妻鏡』（一～四巻）（吉川弘文館、一九七四年）
『鎌倉遺文』（東京堂出版、一九七一年～）
『増補続史料大系　鎌倉年代記・武家年代記・鎌倉大日記』（臨川書店、一九七九年）
『兼好法師家集』（岩波文庫、一九三七年）
『群書類従』、『続群書類従』、『群書系図部集』（続群書類従完成会）
『日本古典文学大系　古今著聞集』（岩波書店、一九六六年）
『大日本古文書　家わけ第十一　小早川家文書之二』（東京大学出版会、一九七九年）→小早川氏系図
『日本古典文学大系　沙石集』（岩波書店、一九六六年）
『親玄僧正日記』（『内乱史研究』No.14～16、一九九三～九五年）
『玉葉』（名著刊行会、一九七一年）
『日本古典文学大系　曽我物語』（岩波書店、一九六六年）
角川源義編『妙本寺本曽我物語』（角川書店、一九六九年）
『新訂増補　国史大系　尊卑分脈』（第一～四篇）（吉川弘文館、一九七二年）
『日本古典文学大系　太平記一～三』（岩波書店、一九六一～二年）

岡見正雄校注『太平記（一）』（角川文庫、一九七五年）
岡見正雄校注『太平記（二）』（角川文庫、一九八二年）
兵藤裕己校注『太平記』（一）〜（六）（岩波文庫、二〇一四〜一六年）
佐藤進一・池内義資編『中世法制史料集　第一巻　鎌倉幕府法』（岩波書店、一九五五年）→新編追加
『新日本古典文学大系　方丈記・徒然草』（岩波書店、一九八九年）
『日本古典文学大系　平家物語　上・下』（岩波書店、一九五九〜六〇年）
『新日本古典文学大系　保元物語　平治物語　承久記』（岩波書店、一九九二年）
『大日本古文書　家わけ第十五　山内首藤家文書』（東京大学出版会、一九七一年）→山内首藤氏系図
稲村坦元編『武蔵史料銘記集』（東京堂出版、一九六六年）
『新編武蔵風土記稿』（雄山閣、一九八一年）
『新編相模国風土記稿』（雄山閣、一九八五年）
『鎌倉の古絵図Ⅱ』（鎌倉国宝館、一九六九年）

金沢文庫ホームページ
川崎市教育委員会ホームページ→久末の妙法寺出土の板碑
東京大学史料編纂所ホームページ
東寺百合文書ＷＥＢ
国立公文書館デジタルアーカイブ→『証菩提寺年中行事』
山形大学附属図書館ホームページ→中条家文書

▼辞典・歴史ガイド・教科書など（出版年順）
御家人制研究会編『吾妻鏡人名索引』（吉川弘文館、一九七一年）
『国史大辞典』（吉川弘文館、一九七九〜九七年）
『年表　日本歴史　3　鎌倉室町戦国』（筑摩書房、一九八一年）

『角川　日本地名大辞典　14神奈川県』（角川書店、一九八四年）（他の都府県の巻も参照したが、多数に及ぶので省略）
『日本古典文学大辞典　簡約版』（岩波書店、一九八六年）
『日本史大事典』（平凡社、一九九二～九四年）
『日本史辞典』（角川書店、一九九六年）
『岩波　日本史辞典』（岩波書店、一九九九年）
『神奈川県の歴史散歩　上』（山川出版社、二〇〇五年）
『神奈川県の歴史散歩　下』（山川出版社、二〇〇五年）
『精選版　日本国語大辞典』（第一～三巻）（小学館、二〇〇六年）
『三重県の歴史散歩』（山川出版社、二〇〇七年）
菊地紳一・北爪寛之編『吾妻鏡　地名・寺社名等総覧』（勉誠出版、二〇一五年）
『詳説　日本史B』（山川出版社、二〇一六年）

鎌倉武士と横浜——市域と周辺の荘園・郷村・寺社
二〇二一年（令和三）十二月二十八日　初版第一刷発行
著者　盛本昌広

発行者——松信　健太郎
発行所——株式会社　有隣堂
本　社　横浜市中区伊勢佐木町一—四—一　郵便番号二三一—八六二三
出版部　横浜市戸塚区品濃町八八一—一六　郵便番号二四四—八五八五
電話〇四五—八二五—五五六三
印刷——株式会社堀内印刷所

ISBN978-4-89660-235-7 C0221

定価はカバーに表示してあります。
落丁・乱丁はお取り替えいたします。

デザイン原案＝村上善男

有隣新書刊行のことば

国土がせまく人口の多いわが国においては、近来、交通、情報伝達手段がめざましく発達したためもあって、地方の人々の中央志向の傾向がますます強まっている。その結果、特色ある地方文化は、急速に浸蝕され、文化の均質化がいちじるしく進みつつある。その及ぶところ、生活意識、生活様式のみにとどまらず、政治、経済、社会、文化などのすべての分野で中央集権化が進み、生活の基盤であるはずの地域社会における連帯感が日に日に薄れ、孤独感が深まって行く。われわれは、このような状況のもとでこそ、社会の基礎的単位であるコミュニティの果たすべき役割を再認識するとともに、豊かで多様性に富む地方文化の維持発展に努めたいと思う。

古来の相模、武蔵の地を占める神奈川県は、中世にあっては、鎌倉が幕府政治の中心地となり、近代においては、横浜が開港場として西洋文化の窓口となるなど、日本史の流れの中でかずかずのスポットライトを浴びた。

有隣新書は、これらの個々の歴史的事象や、人間と自然とのかかわり合い、ときには、現代の地域社会が直面しつつある諸問題をとりあげながらも、広く全国的視野、普遍的観点から、時流におもねることなく地道に考え直し、人知の新しい地平線を望もうとする読者に日々の糧を贈ることを目的として企画された。

古人も言った、「徳は孤ならず必ず隣有り」と。有隣堂の社名は、この聖賢の言葉に由来する。われわれは、著者と読者の間に新しい知的チャンネルの生まれることを信じて、この辞句を冠した新書を刊行する。

一九七六年七月十日

有　隣　堂